Mentalidades **matemáticas** na **educação infantil**

CB028108

B662m	Boaler, Jo. Mentalidades matemáticas na educação infantil / Jo Boaler, Jen Munson, Cathy Williams ; tradução: Sandra Maria Mallmann da Rosa ; revisão técnica: Marina França. – Porto Alegre : Penso, 2024. xiv, 226 p. : il. color. ; 25 cm. ISBN 978-65-5976-059-6 1. Matemática. 2. Educação infantil. 3. Educação matemática. I. Munson, Jen. II. Williams, Cathy. III. Título.

CDU 51:37

Catalogação na publicação: Karin Lorien Menoncin – CRB 10/2147

JO BOALER
JEN MUNSON
CATHY WILLIAMS

Mentalidades
matemáticas
na **educação infantil**

Tradução
Sandra Maria Mallmann da Rosa

Revisão técnica
Marina França
Gerente de Inovação Educacional do Programa Mentalidades Matemáticas (MM)
por Instituto Sidarta.

Porto Alegre
2024

Obra originalmente publicada sob o título *Mindset Mathematics: Visualizing and Investigating Big Ideas, Grade K, 1st Edition*
ISBN 9781119357605

Copyright © 2020 by John Wiley and Sons, Inc.
Published by Jossey-Bass
A Wiley brand.

Colaboraram nesta edição:

Coordenadora editorial
Cláudia Bittencourt

Editora
Paola Araújo de Oliveira

Capa
Paola Manica | Brand&Book

Preparação de originais
Vitória Duarte Martinez

Editoração
Ledur Serviços Editoriais Ltda.

Reservados todos os direitos de publicação, em língua portuguesa, ao
GA EDUCAÇÃO LTDA.
(Penso é um selo editorial do GA EDUCAÇÃO LTDA.)
Rua Ernesto Alves, 150 – Bairro Floresta
90220-190 – Porto Alegre – RS
Fone: (51) 3027-7000

SAC 0800 703 3444 – www.grupoa.com.br

É proibida a duplicação ou reprodução deste volume, no todo ou em parte, sob quaisquer formas ou por quaisquer meios (eletrônico, mecânico, gravação, fotocópia, distribuição na Web e outros), sem permissão expressa da Editora.

IMPRESSO NO BRASIL
PRINTED IN BRAZIL

As autoras

Jo Boaler é professora de educação matemática na Stanford University e cofundadora do Youcubed. É autora do primeiro MOOC (aula *on-line* aberta e massiva) de ensino e aprendizagem de matemática. Suas funções anteriores incluem Professora Marie Curie de Educação Matemática na Inglaterra, professora de matemática em escolas de ensino médio de Londres e conferencista e pesquisadora no King's College, em Londres. Seu trabalho foi publicado no *Times*, no *Telegraph*, no *Wall Street Journal* e em muitas outras agências de notícias. A BBC recentemente a nomeou como uma das oito educadoras que "estão mudando a cara da educação".

Jen Munson é professora assistente de ciências da aprendizagem na Northwestern University, desenvolvedora profissional e ex-professora de sala de aula. Obteve seu doutorado pela Stanford University. Sua pesquisa foca em como o *coaching* pode apoiar os professores no desenvolvimento de suas práticas educativas em matemática e em como as interações entre professor e aluno influenciam a aprendizagem equitativa da matemática. Ela é autora de *In the Moment: Conferring in the Elementary Math Classroom*, publicado pela Heinemann.

Cathy Williams é cofundadora e diretora do Youcubed. Especialista em matemática aplicada pela University of California, foi professora de matemática no ensino médio por 18 anos, no condado de San Diego. Depois de lecionar, tornou-se coordenadora do Departamento de Educação e diretora de matemática no distrito. Como parte de seu trabalho de liderança, planejou a formação continuada de professores e currículo. Seu trabalho no Vista Unified School District foi premiado com o *California Golden Bell* para instrução em 2013, na categoria K-12 Innovation Cohort (turma inovadora na educação básica, em tradução livre) em matemática. Em Vista, trabalhou com Jo Boaler, mudando a forma como a matemática era ensinada no distrito.

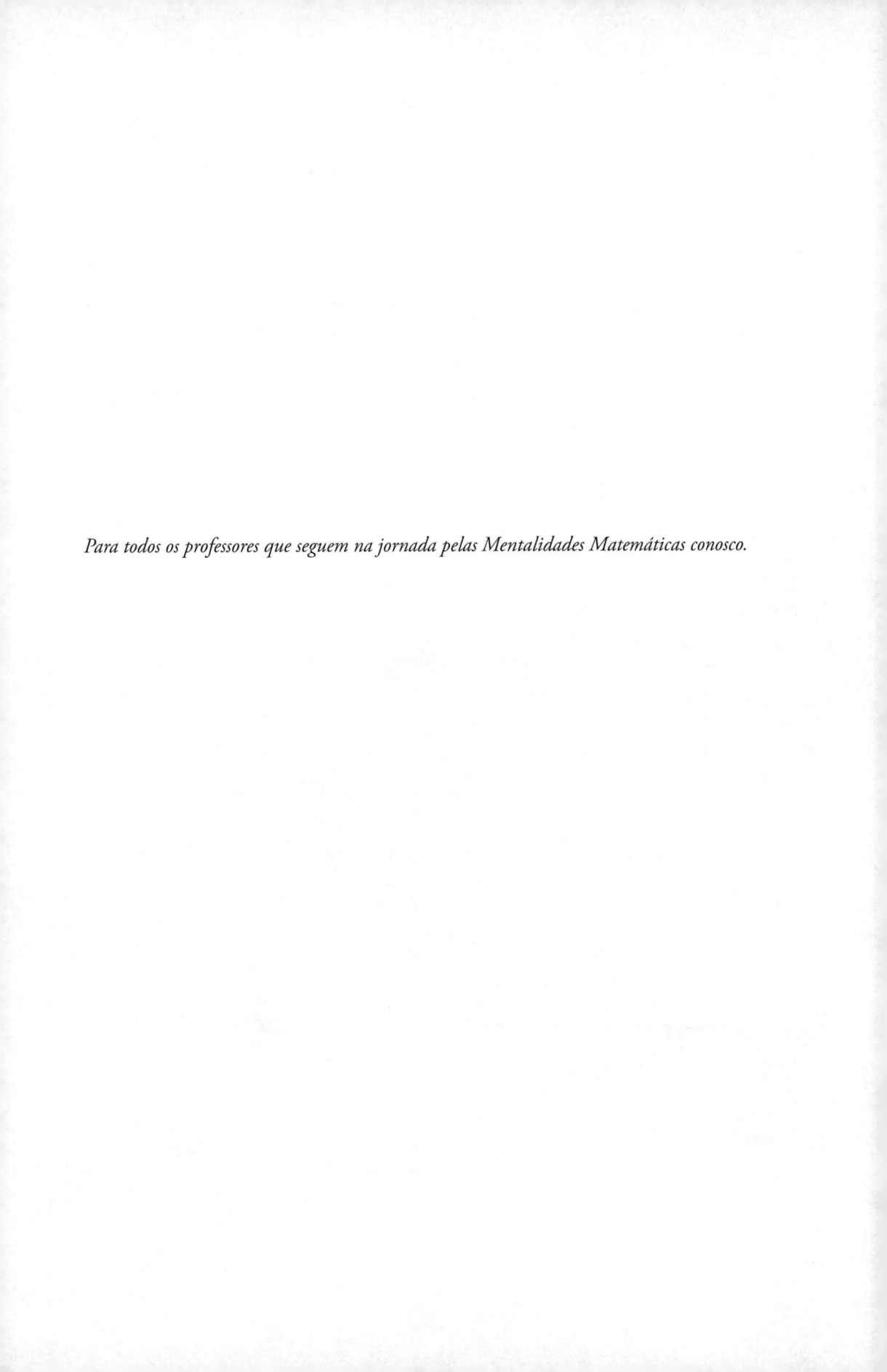

Para todos os professores que seguem na jornada pelas Mentalidades Matemáticas conosco.

Agradecimentos

Agradecemos a Jill Marsal, nossa agente literária, e à equipe da Wiley por seus esforços para que este livro se tornasse o que havíamos imaginado. Também somos muito gratas ao exército de professores do Youcubed. Nossa gratidão a Robin Anderson, que desenhou o diagrama em rede estampado em nossa contracapa. Por fim, agradecemos a nossos filhos – e cães! – por tolerarem nossa ausência da vida familiar enquanto trabalhávamos para dar vida à nossa visão das tarefas de Mentalidades Matemáticas.

Apresentação à edição brasileira

Teorias não substituem experiências de vida. Desde 1998, a equipe do Instituto Sidarta mantém este como um dos princípios mais importantes de nossa atuação. Sabemos que, para que os processos de ensino e de aprendizagem tenham real sentido, é crucial que cada estudante experimente, erre, insista, ache novos caminhos e, assim, cresça e se desenvolva. E isso tudo é ainda mais potente quando feito em comunidade.

Na nossa busca por políticas públicas que construam equidade na educação e que respondam às demandas emergenciais desse setor, conhecemos salas de aula onde estudantes efetivamente exerciam o seu pensamento matemático, por meio da abordagem Mentalidades Matemáticas. Trata-se de uma abordagem que advoga por uma matemática equitativa, mais aberta, criativa e visual, na qual testemunhamos que todo mundo é capaz de aprendê-la em altos níveis. Foi assim que, a partir de 2015, junto ao Centro de Pesquisas Youcubed, da Stanford University, e em rede com pessoas que atuam em diferentes esferas da educação no Brasil, cocriamos o programa Mentalidades Matemáticas.

Para nós, lutar para que os níveis de aprendizagem da matemática em nosso país melhorem não é apenas uma questão de números, é uma questão de empoderamento, de inclusão e de mobilidade socioeconômica. Um estudo recente revelou que ter conhecimento matemático é vital para acessar posições mais bem remuneradas e mais seguras no mercado de trabalho. Porém,

para que o letramento matemático se dê de forma plena, antes de tudo precisamos nos entender como seres matemáticos. Acreditamos que essa consciência será mais bem construída se reconhecermos a matemática como a ciência dos padrões e entendermos que, todas as vezes em que imaginamos cenários e buscamos soluções para lidar com o cotidiano, ativamos nosso pensamento matemático.

Neste livro, Jo Boaler, Jen Munson e Cathy Williams oferecem uma coletânea de atividades práticas com maior intencionalidade na educação infantil. No contexto brasileiro, é a partir desta obra que estamos levando as Mentalidades Matemáticas para a primeira infância, com experiências inéditas e em larga escala. Esse trabalho tem envolvido a elaboração de uma proposta inovadora, pensada e cocriada inteiramente para o contexto nacional e que tem proporcionado formação para profissionais.

Essa é mais uma das muitas parcerias que desenvolvemos não só para tropicalizar a abordagem, mas para torná-la uma criação verdadeiramente brasileira. Em Vespasiano (MG), estamos, pela primeira vez, implementado as Mentalidades Matemáticas de forma sistêmica em uma rede de ensino. Em Cotia (SP), por meio da concepção e da aplicação da tecnologia educacional do curso de férias, alunos dos 4º e 5º anos do ensino fundamental deram um salto equivalente a 1 ano e 3 meses em escolaridade matemática em apenas 10 dias de estudo.

Por todo o País, já formamos mais de 11 mil professoras e professores.

Somos, hoje, um movimento que luta para transformar a maneira como a matemática é percebida e ensinada. Com esse objetivo em mente, desejamos que este livro seja o disparador de novas possibilidades e reflexões sobre uma matemática mais significativa para todos! Esperamos que esta obra nos ajude a chegar ainda mais longe e a trazer para cada vez mais perto as pessoas comprometidas com a melhoria da educação, fortalecendo a nossa comunidade de aprendizagem.

Boa leitura!

Ya Jen Chang
Presidente do Instituto Sidarta

Marina França
Gerente de Inovação Educacional do Programa Mentalidades Matemáticas

Sumário

INTRODUÇÃO

Ainda me lembro do momento em que foi concebido o Youcubed, o centro em Stanford que dirijo. Eu estava nas conferências do NCSM e NCTM* de Denver, em 2013, e havia combinado de me encontrar com Cathy Williams, diretora de matemática do Departamento de Educação do Distrito de Vista.** Cathy e eu tínhamos trabalhado juntas no ano anterior melhorando o ensino da matemática em seu distrito. Havíamos testemunhado mudanças incríveis tomando forma, e um documentarista filmou parte do trabalho. Recentemente, eu havia lançado meu curso *on-line* para professores, denominado "Como aprender matemática", e estava sobrecarregada com as solicitações de dezenas de milhares de professores para que lhes fornecesse mais informações sobre as mesmas ideias. Cathy e eu decidimos criar um *website* e usá-lo para continuar compartilhando as ideias que havíamos utilizado em seu distrito e que eu havia compartilhado em minha aula *on-line*. Logo depois que começamos a compartilhar ideias no *website* Youcubed,*** fomos convidadas para formar um centro na Stanford University, e Cathy se tornou codiretora do centro comigo.

Nos meses que se seguiram, com a ajuda de uma de minhas alunas da graduação, Montse Cordero, foi lançada nossa primeira versão do youcubed.org. Em janeiro de 2015, havíamos conseguido angariar fundos e contratar engenheiros de programação, e lançamos uma versão revisada que se aproxima do *site* que você conhece hoje. Ficamos muito entusiasmadas com o fato de que, no primeiro mês daquele relançamento, tivemos 5 mil visitas. No momento em que escrevemos isto, nosso *site* está recebendo 3 milhões de visitas por mês. Os professores estão entusiasmados para conhecer as novas pesquisas e se apropriar das ferramentas, dos vídeos e das atividades que traduzem tais ideias de pesquisas em práticas e utilizá-las em seu ensino.

TAREFAS DE PISO BAIXO, TETO ALTO

Um dos artigos mais populares em nosso *site* intitula-se "Fluência sem medo". Escrevi esse artigo com Cathy quando ouvi de muitos professores que eles estavam sendo obrigados a aplicar provas cronometradas

---

* N. de R. T.: NCSM é a sigla para *Network, Communicate, Support, and Motivate* (Estabelecimento de Redes, Comunicação, Apoio e Motivação, em tradução livre), uma associação de lideranças na área de matemática. O NCTM é o National Council of Teachers of Mathematics (Conselho Nacional de Professores de Matemática) dos Estados Unidos.

** N. de R. T.: Nos Estados Unidos, a educação básica está a cargo dos Departamentos de Educação Distritais (*School Districts*), que são organizações locais (geralmente no nível da municipalidade) responsáveis por escolas da educação infantil até o ensino médio. Todos os Departamentos de Educação respondem ao governo estadual.

*** N. de R. T.: Cursos de matemática para professores, pais e alunos a partir das perspectivas abordadas neste livro. Disponível em língua portuguesa em: https://www.youcubed.org/pt-br/

nos anos iniciais do ensino fundamental. Ao mesmo tempo, estava emergindo uma nova neurociência, mostrando que, quando as pessoas se sentiam estressadas – como ocorre com os alunos quando se deparam com uma prova cronometrada –, parte de seu cérebro, a memória de trabalho, é restringida. A memória de trabalho é exatamente a área do cérebro que é mobilizada quando os alunos precisam calcular fatos matemáticos, e esta é exatamente a área que é bloqueada quando eles estão tensos. Atualmente, temos evidências que sugerem fortemente que as provas de matemática cronometradas no começo da escolarização são responsáveis pelo início precoce de ansiedade matemática para muitos estudantes. Leciono um curso para turmas de graduação em Stanford, e muitos dos alunos são traumatizados com a matemática. Quando lhes pergunto o que aconteceu, quase todos relembram, com uma clareza extraordinária, a época na qual recebiam provas com tempo limitado nos anos iniciais do ensino fundamental. Estamos muito satisfeitas em ver que, atualmente, "Fluência sem medo" tem sido usado em todo o território dos Estados Unidos para eliminar as provas cronometradas dos distritos escolares. Esse artigo já foi "baixado" milhares de vezes, sendo também utilizado em audiências em níveis estadual e nacional.

Uma das razões para o incrível sucesso desse trabalho é que ele não só compartilha noções das neurociências sobre os danos das provas cronometradas, como também oferece uma alternativa a elas: atividades que ensinam fatos matemáticos conceitualmente e por meio de tarefas que alunos e professores podem desfrutar. Uma das atividades – um jogo chamado Quão Perto de 100 – tornou-se tão popular que milhares de professores tuitaram fotos dos seus alunos jogando. Foi tanta a atenção recebida no Twitter e em ou-

tras mídias que Stanford percebeu e decidiu escrever uma reportagem sobre os danos da velocidade para a aprendizagem da matemática. Essa reportagem foi reproduzida por veículos de notícias no país, incluindo o *US News & World Report*, o que, em parte, é responsável pelo grande número de *downloads* e pelo grande impacto causado por esse trabalho. Os próprios professores provocaram essa pequena revolução ao espalharem notícias sobre as atividades e as pesquisas.

Quão Perto de 100 é apenas uma das muitas tarefas que temos no youcubed.org que são extremamente populares entre professores e alunos. Todas as nossas tarefas têm a característica de ser de "piso baixo e teto alto", o que considero uma qualidade extremamente importante para engajar todos os estudantes de uma turma. Se você estiver ensinando apenas um aluno, uma tarefa de matemática poderá ser bastante limitada em termos de conteúdo e dificuldade. No entanto, sempre que você tiver um grupo de alunos, haverá diferenças em suas necessidades, e eles serão desafiados por diferentes ideias. Uma tarefa de piso baixo e teto alto é aquela em que todos podem se envolver, independentemente de seu entendimento ou seu conhecimento prévio, além de ser suficientemente aberta, para que possa se expandir até níveis mais altos, de forma que todos os alunos possam ser profundamente desafiados. Nos últimos dois anos, lançamos em nosso *site* a Semana Inspiracional da Matemática (SIM),* que são aulas abertas, visuais e de piso baixo, teto alto. Essas aulas têm sido extremamente populares entre os professores; já foram feitos aproximadamente 4 milhões de *downloads* e elas são usadas em 20% das escolas em todos os Estados Unidos.

---

* N. de R. T.: Disponível no *site* do Youcubed: https://www.youcubed.org/pt-br/semana-inspiracional-da-matematica/

Em nosso extenso trabalho com professores no país, continuamente nos são solicitadas mais tarefas semelhantes àquelas encontradas em nosso *site*. A maioria dos editores de livros didáticos parece ignorar ou não ter conhecimento de pesquisas sobre a aprendizagem da matemática, e a maioria das questões nos livros didáticos é restrita e insuficientemente atrativa para os alunos. É imperativo que os novos conhecimentos sobre a forma como nosso cérebro aprende matemática sejam incorporados às aulas que os alunos recebem. É por essa razão que optamos por escrever uma série de livros que estão organizados em torno de um princípio de engajamento ativo do aluno, que refletem os conhecimentos mais recentes da ciência sobre aprendizagem e incluem atividades que são piso baixo e teto alto.

CURSO DE FÉRIAS DO YOUCUBED

Recentemente, trouxemos 81 estudantes para o *campus* de Stanford para um curso de férias de matemática do Youcubed, a fim de ensiná-los a maneira como as atividades são apresentadas neste livro. Utilizamos tarefas de matemática abertas, criativas e visuais. Depois de apenas 18 aulas conosco, os alunos melhoraram seu desempenho nos resultados do teste em 50% em média, o equivalente a 1,6 ano escolar. Ainda mais importante, eles mudaram sua relação com a matemática e começaram a acreditar em seu potencial. Isso ocorreu em parte porque conversamos com eles sobre as neurociências, mostrando que:

- não existe o que se chama de uma "pessoa matemática" – todo mundo pode aprender matemática em altos níveis;

- erros, esforço e desafio são essenciais para o desenvolvimento do cérebro;
- velocidade não é importante em matemática;
- a matemática é uma disciplina visual e bonita, e nosso cérebro quer pensar visualmente sobre ela.

Todas essas mensagens foram essenciais para a mudança da relação dos alunos com a matemática, assim como foram essenciais as tarefas nas quais trabalhamos em aula. As atividades e as mensagens sobre o cérebro se complementaram perfeitamente, uma vez que dissemos aos alunos que eles podiam aprender qualquer coisa e lhes mostramos uma matemática aberta, criativa e atraente. Essa abordagem os ajudou a ver que eles podem aprender matemática, e realmente aprendem. Este livro compartilha os tipos de tarefas que utilizamos em nosso curso de férias, que constituem nossa SIM e que postamos em nosso *site*.

Antes de descrever e apresentar as diferentes seções do livro e como estamos escolhendo engajar os alunos, compartilharei algumas ideias importantes sobre como os estudantes aprendem matemática.

MEMORIZAÇÃO *VERSUS* ENGAJAMENTO CONCEITUAL

Muitos estudantes têm uma ideia extremamente errada sobre a matemática. Ao longo de anos de aulas de matemática, muitos deles passam a acreditar que seu papel na aprendizagem dessa disciplina é memorizar métodos e fatos e que o sucesso na matemática provém da memorização. Eu afirmo que essa é exatamente a ideia errada, porque, na verdade, há muito pouco a ser lembrado. A disciplina é composta de poucas grandes ideias conectadas, interligadas, e os alunos que são bem-sucedidos em matemática são aqueles que a veem como um conjunto de ideias sobre as quais precisam pensar profundamente. Os testes do Program for International Student Assessment (PISA) são avaliações internacionais de matemática, leitura e ciência aplicadas a cada três anos. Em 2012, o PISA não somente avaliou o desempenho em matemática, como também coletou dados sobre como os estudantes se aproximam da disciplina. Trabalhei com a equipe do PISA em Paris na Organização para Cooperação e Desenvolvimento Econômico (OCDE), analisando como os estudantes abordam a matemática, e sua relação com o desempenho. Dessa análise emergiu um resultado claro: há três abordagens distintas da matemática. Um grupo tentou memorizar os métodos que havia encontrado; outro assumiu uma abordagem "relacional", associando os novos conceitos com os que já conhecia; e um terceiro assumiu uma abordagem de automonitoramento, pensando sobre o que conhecia e o que precisava conhecer.

Em todos os países, os memorizadores eram os estudantes com desempenho mais baixo, e todos os países com altos índices de memorizadores tinham baixo desempenho. Em nenhum dos países os memorizadores estavam no grupo de desempenho mais alto, e em alguns países de alto desempenho, como o Japão, os estudantes que combinavam automonitoramento e estratégias relacionais superaram os memorizadores no equivalente a mais de um ano de escolaridade. Mais detalhes sobre essa descoberta são apresentados no artigo do qual fui coautora com um analista do PISA para a seção "Mente" da revista *Scientific American* (Boaler; Zoido, 2016).

A matemática é uma disciplina conceitual, e é importante que os alunos pensem lenta, profunda e conceitualmente acerca das ideias, sem se apressarem em usar métodos que tentaram memorizar. Uma razão pela qual eles precisam pensar de modo conceitual está relacionada com as formas como o cérebro processa a matemática. Quando aprendemos novas ideias matemáticas, elas ocupam um grande espaço em nosso cérebro, pois esse órgão define onde elas se encaixam e com o que se conectam. Entretanto, à medida que avançamos em nosso entendimento, o conhecimento é comprimido, ocupando um espaço muito pequeno no cérebro. Para alunos de 1º ano, a ideia de adição ocupa um grande espaço no cérebro, já que eles refletem sobre como ela funciona e o que ela significa, mas, para adultos, tal ideia está comprimida e ocupa um espaço pequeno. Quando adultos precisam somar 2 e 3, por exemplo, eles podem rápida e facilmente mobilizar o conhecimento comprimido. William Thurston (1990, p. 846-847, tradução nossa), um matemático que recebeu a Medalha Fields – a mais alta honraria em matemática –, explica a compressão da seguinte forma:

> A matemática é surpreendentemente compressível: você pode se esforçar por um longo tempo, passo a passo, para elaborar o mesmo processo ou a mesma ideia a partir de várias abordagens. Mas, depois que você realmente a compreende e tem a perspectiva mental para vê-la globalmente, em geral ocorre uma extraordinária compressão mental. Você pode arquivá-la, relembrá-la rápida e completamente quando precisar dela e usá-la como simplesmente uma etapa em algum outro processo mental. O discernimento que acompanha essa compressão é uma das verdadeiras alegrias da matemática.

Você provavelmente concordará comigo que não são muitos os estudantes que pensam na matemática como uma "verdadeira alegria", e parte da razão para isso é que eles não estão comprimindo as ideias matemáticas em seu cérebro. Isso acontece porque o cérebro só comprime conceitos, não métodos. Assim, se os alunos estão pensando que a matemática é um conjunto de métodos a serem memorizados, estão no caminho errado, e é essencial que mudemos isso. É muito importante que os alunos pensem profunda e conceitualmente sobre ideias. Fornecemos, neste livro, as atividades que possibilitarão que eles pensem assim, sendo um papel essencial do professor proporcionar tempo para que possam fazê-lo.

PENSAMENTO, RACIOCÍNIO E CONVENCIMENTO MATEMÁTICO

Quando trabalhamos com nossos estudantes no curso do Youcubed, fornecemos a cada um deles diários para registrarem seu pensamento matemático. Sou uma grande fã do registro em um diário – para mim mesma e para meus alunos. Para estudantes de matemática, isso ajuda a lhes mostrar que a matemática é uma disciplina na qual devemos registrar ideias e imagens. Podemos usar as anotações no diário para encorajá-los a manter registros organizados, o que é outra parte importante da matemática, e ajudá-los a entender que o pensamento matemático pode ser um processo longo e lento. Os diários também proporcionam aos alunos um espaço livre – onde podem ser criativos, compartilhar ideias e se apropriar de seu trabalho. Não escrevemos nos diários dos alunos, pois queríamos que eles os vissem como seu espaço próprio, não como algo em que os professores escrevem. Demos devolutivas aos alunos por meio de adesivos com observações que colávamos em seu trabalho. As imagens na Figura I.1 mostram alguns dos registros matemáticos que os alunos do curso faziam em seus diários.

Outro recurso que sempre compartilho é a codificação por cores – isto é, os alunos usam cores para destacar diferentes ideias. Por exemplo, quando trabalham em uma tarefa de álgebra, eles podem apresentar o x na mesma cor em uma expressão, em um gráfico e em um diagrama, conforme mostra a Figura I.2.

Na adição, a codificação por cores pode ajudar a mostrar os números que foram adicionados (Fig. I.3).

A codificação por cores destaca as conexões, o que é uma parte verdadeiramente essencial da matemática.

Outra parte importante da matemática é o ato de raciocinar* – explicar por que os métodos são escolhidos e como os passos estão interligados, usando a lógica para conectar as ideias. O raciocínio está no cerne da matemática. Os cientistas comprovam ideias encontrando mais casos que se encaixam em uma teoria ou casos contrários que a contradizem, mas os matemáticos comprovam seu trabalho por meio do raciocínio. Se os alunos não estão raciocinando, então não estão verdadeiramente fazendo matemática. Nas atividades dos livros desta série, sugerimos uma estrutura que encoraja os alunos a serem convincentes quando raciocinam. Dizemos a eles que existem três níveis de convencimento. O primeiro nível, ou o mais fácil, é convencer a si mesmo de alguma coisa. Um nível mais alto é convencer a um amigo. E o nível mais elevado de todos é convencer a um cético. Também

---

* N. de R. T.: No original, *reasoning*, que significa não apenas raciocinar, mas também argumentar e explicar o raciocínio para outra pessoa.

Figura I.1

compartilhamos com os alunos que eles devem ser céticos uns com os outros, questionando por que aqueles métodos foram escolhidos e como eles funcionam. Descobrimos que essa estrutura é muito poderosa com os estudantes; eles gostam de ser céticos, de impulsionar uns aos outros para níveis mais profundos de raciocínio e isso os encoraja a raciocinar claramente, o que é importante para sua aprendizagem.

Iniciamos cada livro da nossa série com uma atividade que convida os alunos a raciocinarem sobre matemática e a serem convincentes. Encontrei pela primeira vez uma atividade como essa quando li as ideias de ensino de Mark Driscoll, em seu livro *Fostering Algebraic Thinking.** Achei que

---

* N. de R. T.: *Estimulando o pensamento algébrico*, em tradução livre, ainda não publicado em língua portuguesa.

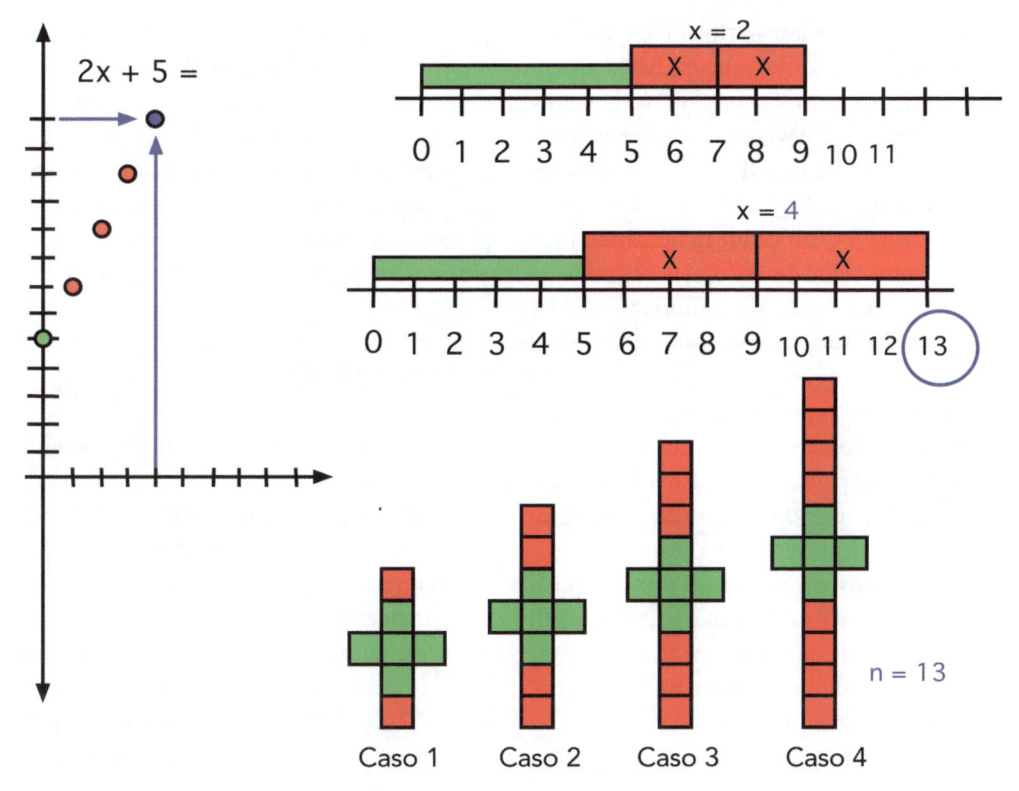

Figura I.2

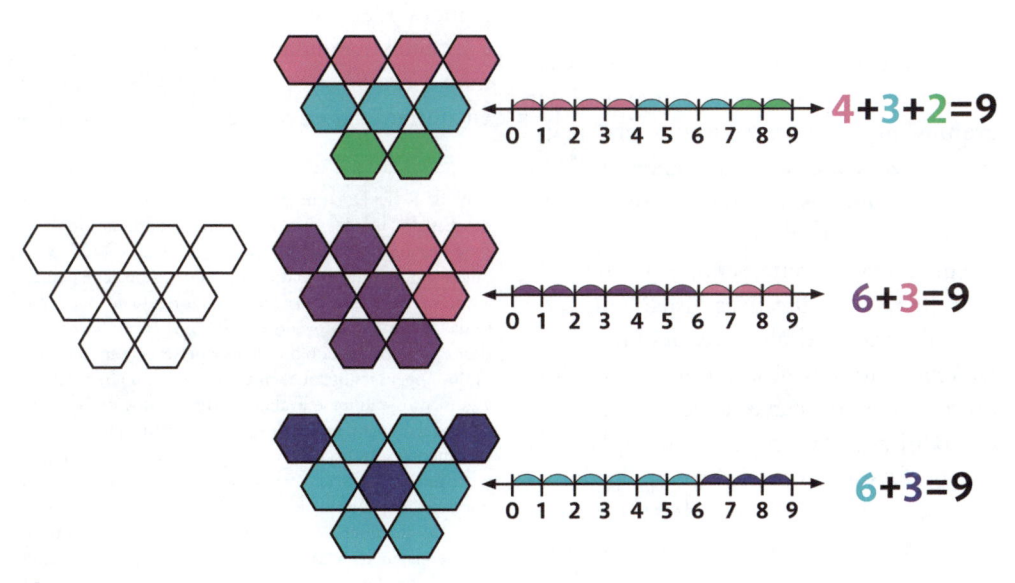

Figura I.3

aquela era a atividade perfeita para introduzir a abordagem cética que eu havia aprendido com uma professora incrível, Cathy Humphreys. Ela havia aprendido e adaptado a estrutura de dois dos meus professores inspiradores na Inglaterra: o matemático John Mason e o educador matemático Leone Burton. Além de encorajar os alunos a serem convincentes, em inúmeras atividades pedimos que provem uma ideia. Algumas pessoas imaginam uma prova como um conjunto formal de etapas que aprenderam na aula de geometria. Entretanto, o ato de provar diz respeito, na verdade, à conexão de ideias, e, quando os alunos embarcam na jornada de provar, vale a pena comemorar seus passos em direção à prova formal. O matemático Paul Lockhart (2012, p. 8) rejeita a ideia de que provar se trata de seguir um conjunto de passos formais, propondo, em vez disso, que provar é:

> [...] arte abstrata, pura e simples. E arte é sempre um esforço. Não existe uma forma sistemática de criar pinturas ou esculturas bonitas e significativas, e não há nenhum método para a produção de argumentos matemáticos bonitos e significativos.

Em vez de sugerir que os alunos sigam passos formais, nós os convidamos a pensar profundamente sobre conceitos matemáticos e a fazer conexões. Serão apresentadas a eles muitas formas de serem criativos quando provarem e justificarem, e, por razões que discutirei mais adiante, sempre encorajamos e celebramos justificativas visuais, numéricas e algébricas. Idealmente, os alunos criarão representações visuais, numéricas e algébricas e irão conectar suas ideias por meio da codificação por cores e das explicações verbais. Os estudantes ficam empolgados ao experimentar a matemática dessa maneira e se beneficiam da oportunidade de colaborar com suas ideias e sua criatividade individuais para a solução dos problemas e para o espaço de aprendizagem. À medida que se desenvolvem em sua compreensão da matemática, podemos encorajá-los a ampliar e a generalizar suas ideias por meio do raciocínio, da justificação e da comprovação. Esse processo aprofunda sua compreensão e os ajuda a comprimir sua aprendizagem.

GRANDES IDEIAS

Os livros desta série são todos organizados em torno de "grandes ideias matemáticas". A matemática não é um conjunto de métodos, mas sim de ideias conectadas que precisam ser entendidas. Quando os alunos entendem as grandes ideias, os métodos e as regras se encaixam perfeitamente. Um dos motivos pelos quais um conjunto de normas curriculares é falho é que modelos e normas tomam a bela disciplina da matemática, com suas muitas conexões, e a dividem em pequenos pedaços que fazem essas conexões desaparecerem. Em vez de começarmos pelos pequenos pedaços, iniciamos com as grandes ideias e as conexões importantes e listamos habilidades relevantes do Common Core State Standards (CCSS)* que se encontram nas atividades. Elas convidam os

---

* N. de R. T.: Documento que regulamenta os currículos dos Estados Unidos. A sua estrutura é bastante similar à Base Nacional Comum Curricular (BNCC). O CCSS estabelece oito atitudes matemáticas que Jo Boaler e demais autores retomam na construção do currículo de matemática da Califórnia, aprovado em 2023. As atitudes matemáticas são: 1) entender o problema e perseverar em sua resolução; 2) pensar abstrata e quantitativamente; 3) construir argumentos válidos e avaliar os argumentos dos demais; 4) modelar com a matemática; 5) usar estrategicamente as ferramentas apropriadas; 6) ter precisão; 7) buscar e usar estruturas; 8) buscar e expressar regularidades e buscar e expressar regularidade em raciocínios repetidos. Aqui, busca-se entender e levar para a escola uma compreensão de matemática para além de contas e procedimentos preestabelecidos.

alunos a se engajar nas ideias e nas práticas matemáticas listadas no CCSS. As páginas com atividades para os estudantes são indicadas com o símbolo ☻, e aquelas com atividades para os professores, com ☺.

Embora tenhamos capítulos dedicados a grandes ideias, como se elas fossem separadas umas das outras, todas estão intrinsecamente ligadas. A Figura I.4 mostra algumas das conexões entre as ideias, e você será capaz de encontrar muitas outras. É importante compartilhar com os alunos que a matemática é uma disciplina de conexões e destacá-las enquanto eles trabalham; você pode imprimir as diferentes conexões para que os alunos vejam. Para ver os mapas das grandes ideias da educação infantil ao 9º ano, localize o artigo "O que é a beleza matemática?" em youcubed.org.

> Em **loja.grupoa.com.br**, acesse a página do livro por meio do campo de busca e clique em *Material Complementar* para baixar as imagens e folhas de atividades para uso em sala de aula.

ESTRUTURA DO LIVRO

Visualize. Brinque. Investigue. Essas três palavras fornecem a estrutura para cada livro desta série. Elas também preparam o terreno para o pensamento aberto do aluno, para conexões cerebrais poderosas, para o engajamento e para a compreensão profunda. Como elas fazem isso? Por que este livro é tão diferente de outras obras sobre currículo de matemática?

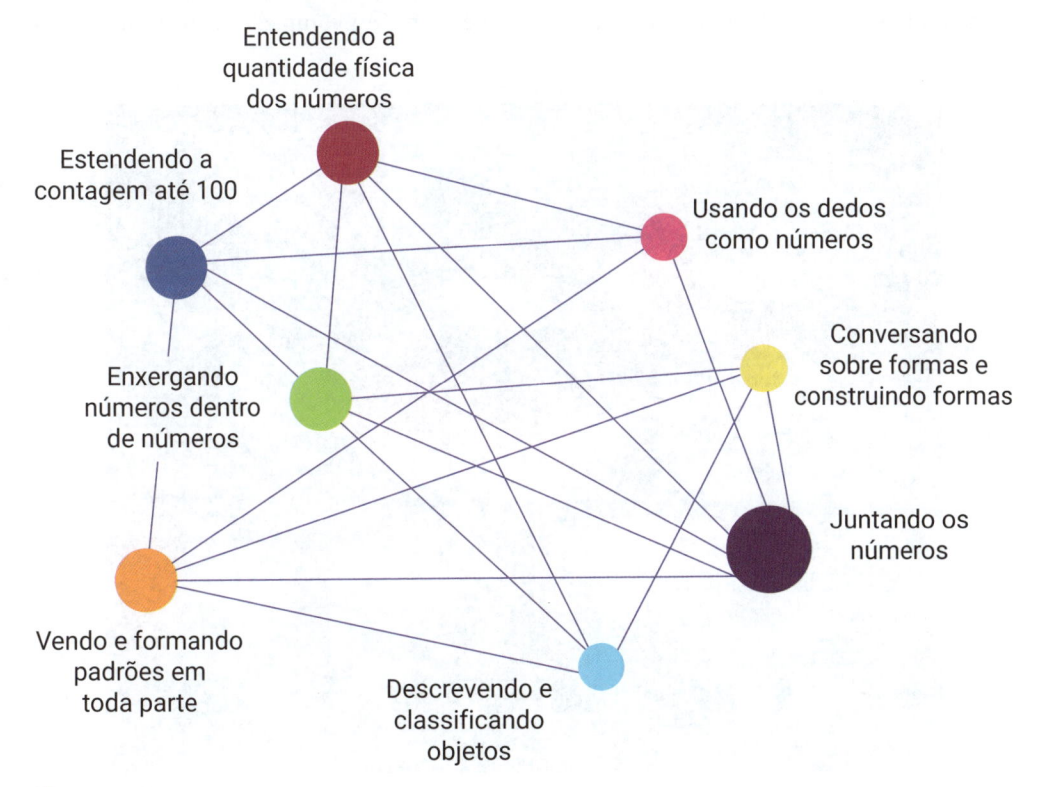

Figura I.4

Visualize

Durante os últimos anos, venho trabalhando com um grupo de neurociências em Stanford, sob a direção de Vinod Menon, que se especializa na aprendizagem da matemática. Temos trabalhado juntos para pensar sobre como as descobertas das neurociências podem ser usadas para auxiliar aqueles que aprendem matemática. Uma das descobertas empolgantes que vêm emergindo nos últimos anos é a importância da visualização para o cérebro e para a aprendizagem da matemática. Agora, os neurocientistas sabem que, quando trabalhamos em matemática, mesmo quando fazemos um cálculo numérico simples, cinco áreas do cérebro estão envolvidas, conforme apresentado na Figura I.5.

Dois dos cinco caminhos cerebrais – os caminhos dorsal e ventral – são visuais.

O caminho visual dorsal é a principal região do cérebro para representação da quantidade. Isso pode parecer surpreendente, já que tantos de nós passamos centenas de horas nas aulas de matemática trabalhando com números, raramente nos envolvendo visualmente com a matemática. Agora, os neurocientistas sabem que nosso cérebro "vê" dedos quando calculamos, e conhecer bem os dedos – o que eles chamam de percepção dos dedos – é essencial para o desenvolvimento da compreensão de um número. Se você deseja ler mais a respeito da importância do trabalho com os dedos em matemática, examine a seção de matemática visual do youcubed.org. Retas numéricas são muito úteis, pois fornecem ao cérebro uma representação visual da ordem numérica. Em um estudo, quatro sessões de apenas 15 minutos com alunos jogando com uma reta numérica eliminaram completamente as diferenças

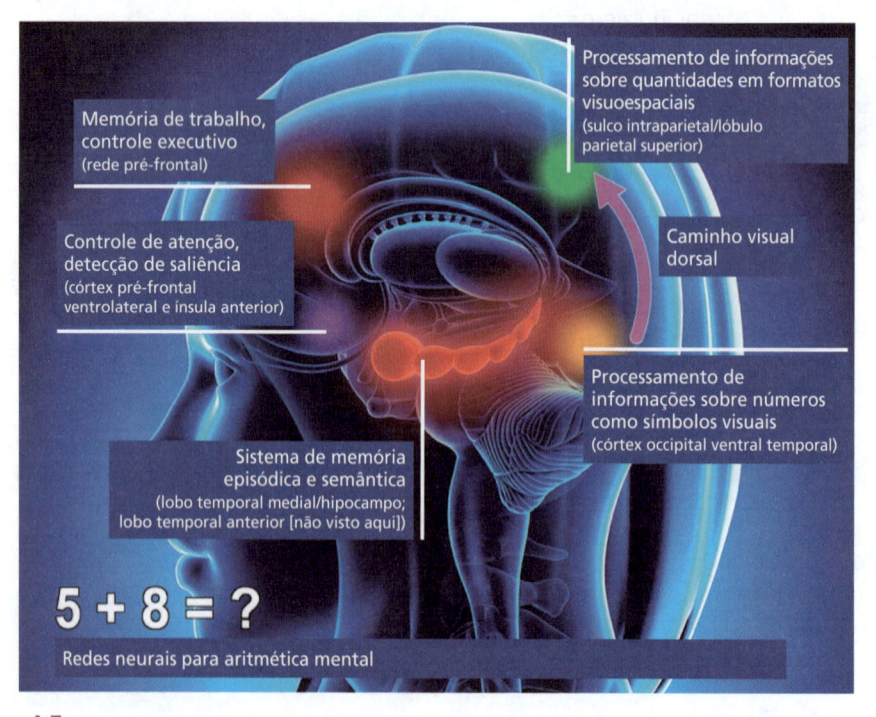

Figura I.5

entre estudantes de baixa renda e de classe média que estavam ingressando na escola (Siegler; Ramani, 2008).

Nosso cérebro quer pensar visualmente sobre matemática, embora poucos materiais curriculares engajem os alunos no pensamento visual. Alguns livros de matemática apresentam figuras, mas raramente convidam os alunos a fazer sua própria visualização e a desenhar. As pesquisas dos neurocientistas mostram a importância não só do pensamento visual, mas também da conexão que os alunos fazem com as diferentes áreas do cérebro enquanto trabalham em matemática. Os cientistas sabem agora que, à medida que as crianças aprendem e se desenvolvem, elas aumentam as conexões entre as diferentes partes do cérebro e, em particular, desenvolvem conexões entre as representações simbólicas e visuais dos números. O crescimento no desempenho matemático ocorre quando os alunos estão desenvolvendo essas conexões. Durante muito tempo, nossa ênfase no ensino da matemática foi nas representações simbólicas dos números, com os alunos desenvolvendo uma área do cérebro relacionada a isso. Uma abordagem mais produtiva e envolvente é desenvolver todas as áreas do cérebro que estão ligadas ao pensamento matemático, e as conexões visuais são críticas para esse desenvolvimento.

Além do desenvolvimento cerebral que ocorre quando os estudantes pensam visualmente, temos detectado que as atividades visuais são realmente motivadoras para eles. Mesmo aqueles que acham que não são "aprendizes visuais" (uma ideia incorreta) ficam fascinados e pensam profundamente sobre a matemática que é apresentada dessa forma – como as representações visuais do cálculo 18 x 5 apresentado na Figura I.6.

Em nosso curso de férias de verão para alunos do 6º e 7º anos e em nossos ensaios com materiais de ensino SIM para o Youcubed, descobrimos que os alunos são inspirados pela criatividade que se torna possível quando a matemática é visual. Certo dia, quando estávamos testando os materiais em uma escola local de anos finais do ensino fundamental, uma mãe me parou e perguntou o que estávamos fazendo. Ela contou que sua filha sempre dizia que detestava matemática e não conseguia fazer contas, mas que, depois de trabalhar em nossas tarefas, chegou em casa dizendo que conseguia ver um futuro para si na disciplina. Nós vínhamos trabalhando nas representações visuais numéricas que usamos em todos esses materiais de ensino, mostrados na Figura I.7.

A mãe relatou que, quando sua filha viu a criatividade possível na matemática, tudo mudou para ela. Acredito fortemente que podemos proporcionar esse discernimento

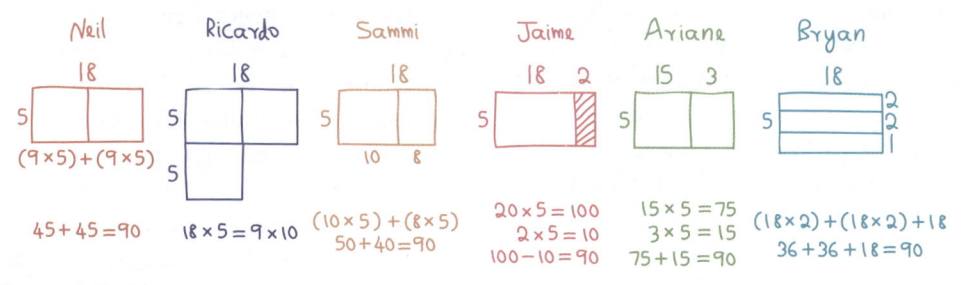

Figura I.6

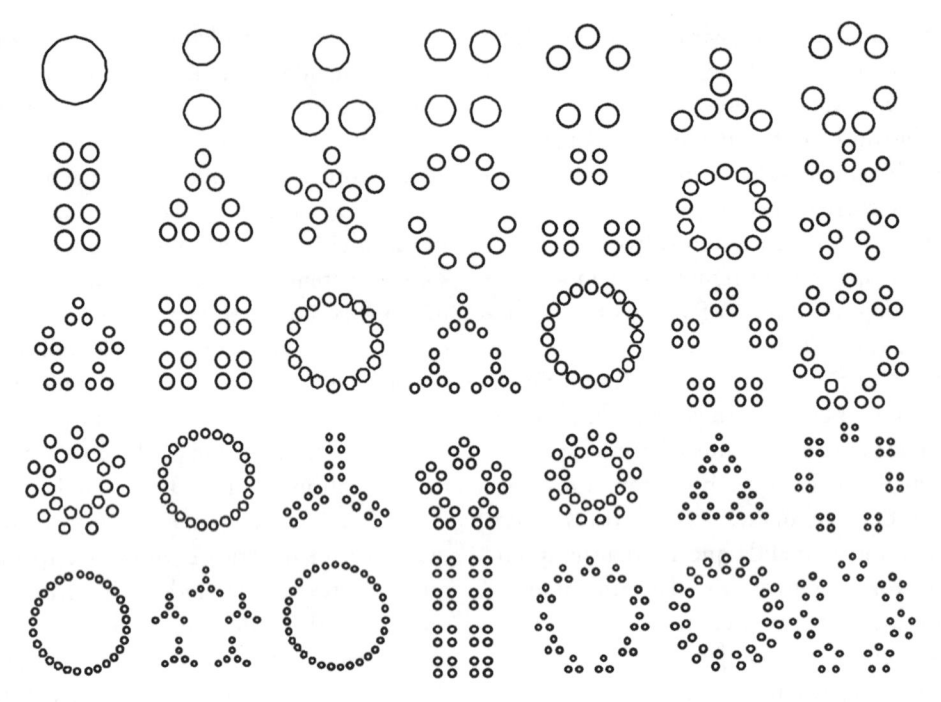

Figura I.7

e inspiração para muitos mais estudantes com o tipo de tarefas matemáticas criativas e abertas que fazem parte deste livro.

Também descobrimos que, quando apresentamos atividades visuais aos estudantes, as diferenças de *status* social que frequentemente atrapalham o bom ensino da matemática desaparecem. Recentemente, eu estava visitando uma sala de aula do 1º ano, e o professor havia organizado quatro estações de aprendizagem diferentes. Em todas elas, os alunos estavam trabalhando em aritmética. Em uma delas, o professor envolveu os alunos em uma pequena conversa numérica;* em outra, um professor assistente trabalhava em uma atividade com moedas; na terceira, os alunos jogavam um jogo de tabuleiro; e, na quarta, eles traba-

lhavam em uma folha de atividades com números. Em cada uma das três primeiras estações, os alunos colaboravam e trabalhavam muito bem, mas, assim que eles foram para a estação com a folha de atividades, as conversas mudaram, e em cada grupo escutei frases do tipo "Isso é fácil", "Já terminei", "Não consigo fazer isso" e "Você ainda não terminou?". Esses comentários são inconvenientes e incômodos para muitos alunos. Atualmente, procuro apresentar tarefas sem números com a maior frequência possível ou retiro a parte dos cálculos, pois são os aspectos numéricos e de cálculos que frequentemente fazem os alunos se sentirem menos seguros de si. Isso não significa que eles não possam ter uma relação maravilhosa e produtiva com os números, como esperamos promover com este livro, mas algumas vezes é possível chegar à principal ideia matemática sem absolutamente qualquer número.

---

* N. de R. T.: Para saber mais sobre conversas numéricas, consulte o livro *Conversas numéricas*, de Cathy Humphreys e Ruth Parker, publicado pela Penso.

Quase todas as tarefas em nosso livro convidam o aluno a pensar visualmente sobre a matemática e a conectar as representações visuais e numéricas. Isso promove importantes conexões cerebrais, além do envolvimento profundo da criança.

Brinque

Segundo o meu ponto de vista, o segredo para a redução das diferenças de *status* nas salas de aula de matemática provém da *abertura* da matemática. Quando ensinamos aos alunos que podemos ver ou abordar uma ideia matemática de diferentes maneiras, eles começam a respeitar as diversas formas de pensar de todos os colegas. A abertura da matemática envolve convidar os estudantes a ver as ideias de formas diferentes, a explorá-las e a fazer suas próprias perguntas. Os alunos podem ter acesso às mesmas ideias e a métodos matemáticos por meio da criatividade e da exploração quando lhes são ensinados métodos que podem praticar. Além de reduzir ou eliminar as diferenças de *status*, a matemática aberta é mais envolvente. É por isso que estamos convidando os alunos, por meio destes materiais, a brincar com a matemática. Albert Einstein, em sua famosa frase, disse: "Brincar é a mais elevada forma de pesquisa". É por isso que brincar é uma oportunidade para que ideias sejam usadas e desenvolvidas a serviço de algo prazeroso. Nas atividades Brinque, os alunos são convidados a trabalhar com uma ideia importante em um espaço livre em que podem desfrutar da liberdade do jogo matemático. Isso não significa que as atividades não ensinam conteúdo e práticas matemáticas essenciais – elas fazem isso, já que convidam os alunos a trabalhar com ideias. Idealizamos as atividades Brinque para mi-nimizar a competição e, em vez disso, convidar os alunos a trabalhar em cooperação, construindo a compreensão juntos.

Investigue

Nossas atividades Investigue acrescentam algo muito importante: oferecem aos alunos oportunidades de dar asas às ideias. Também têm um elemento lúdico, mas a diferença é que propõem questões que os alunos podem explorar e levar até níveis muito altos. Conforme mencionado anteriormente, todas as tarefas são planejadas para ser o máximo possível de piso baixo e teto alto, pois isso proporciona as melhores condições para engajar todos os alunos, seja qual for seu conhecimento prévio. Qualquer aluno pode ter acesso a elas e levar as ideias até níveis muito altos. Devemos sempre estar abertos a ser surpreendidos pelo que nossos aprendizes são capazes de fazer, sempre lhes proporcionando oportunidades de levar o trabalho até desafios de alto nível.

Uma descoberta crucial das neurociências é a importância de os alunos se esforçarem e cometerem erros – são esses os momentos em que o cérebro mais cresce. Em um de meus encontros com um destacado cientista, ele afirmou muito claramente: se os alunos não estiverem se esforçando, eles não estão aprendendo. Desejamos colocá-los em situações em que sintam que o trabalho é árduo, mas que está ao seu alcance. Não se preocupe se eles fizerem perguntas que você não sabe responder; isso é bom. Uma das ideias prejudiciais que professores e alunos compartilham na educação é que os professores de matemática sabem tudo. Isso dá aos alunos a ideia de que "pessoas matemáticas" são aquelas que sabem muito e nunca cometem erros, o que é uma mensagem incorreta e nociva. É bom dizer aos seus alunos: "Essa é uma boa pergunta sobre a qual todos nós podemos pensar" ou "Nunca pensei sobre essa ideia; vamos investigá-la juntos". É bom até mesmo cometer erros na frente dos alunos, pois isso lhes mostra que os erros são uma parte importante do trabalho matemático. Enquanto investigam, eles devem ir a lugares sobre os quais você nunca pensou – levando as ideias em novas direções e explorando um território desconhecido. Seja um modelo para os alunos do que significa ser um aprendiz curioso da matemática, sempre aberto a aprender novas ideias e a ser desafiado.

* * *

Elaboramos atividades que duram no mínimo um período de aula, mas algumas delas podem ser mais demoradas, especialmente se os alunos fizerem perguntas profundas ou iniciarem uma investigação de uma ideia empolgante. Se puder ser flexível quanto ao tempo nas atividades, será ótimo, ou você pode sugerir que eles continuem as tarefas em casa. Quando aplicamos essas atividades, descobrimos que os alunos ficam tão entusiasmados com as ideias que as levam para casa para compartilhar com suas famílias e continuam trabalhando nelas, o que é maravilhoso. Incentive o pensamento profundo, e não a velocidade, já que essa é a natureza do verdadeiro pensamento matemático. Peça que os alunos elaborem representações criativas de suas ideias; valorize seus desenhos, seus modelos e qualquer forma de criatividade. Convide-os para uma jornada de curiosidade matemática e embarque nela com eles, caminhando ao seu lado enquanto vivenciam a maravilha da mentalidade aberta da matemática.

UMA NOTA SOBRE A ESTRUTURA DA EDUCAÇÃO INFANTIL

No restante desta série, sugerimos que os professores mergulhem em uma grande ideia e utilizem em ordem as três tarefas que fornecemos, como uma estrutura para uma unidade de estudo sobre essa ideia. Na educação infantil, o ritmo de aprendizagem é diferente, e os alunos frequentemente estão ingressando no sistema escolar pela primeira vez. No começo do ano, alguns estão construindo ativamente a resistência para ouvir você e uns aos outros, para se sentar e se engajar na atividade. O trabalho em duplas em uma tarefa é provavelmente novo e exigirá muita negociação. Além do mais, as crianças precisam de oportunidades estendidas para se engajar em atividades que estão se tornando familiares enquanto desenvolvem e refinam estratégias para contar, agrupar, classificar, construir, juntar, separar e padronizar.

Por essas razões, você pode querer abordar as atividades em cada grande ideia de forma um pouco diferente. Sugerimos que as atividades Visualize e Brinque serão úteis quando você apresentar novas ideias aos alunos, e eles podem precisar de muitas oportunidades para se engajar nas atividades ou em tarefas similares durante muitos dias ou semanas. No final de cada atividade, fornecemos uma extensão que discute como transformar a atividade, ou uma parte dela, em um exercício em pequenos grupos que você pode facilitar ou em uma estação de aprendizagem à qual os alunos podem retornar repetidamente com um colega ou de forma independente. Essas extensões ampliam o que eles podem aprender com a atividade, criando espaços para o trabalho continuado com as ideias envolvidas.

Você pode achar que faz sentido retornar para as atividades Investigue perto do final do ano, depois que os alunos tiverem mais resistência para o trabalho continuado e maior independência. Muitas dessas atividades os encorajam a explorar ideias, a procurar padrões ou a criar um produto, de modo que estejam mais preparados para executá-las na metade do ano. Essa estrutura é mais consistente com a natureza contínua e interconectada das grandes ideias na educação infantil, que com frequência se desenvolvem simultânea ou não linearmente. Por exemplo, contar não é uma unidade de estudo, mas uma empreitada em que as crianças precisam se engajar com consistência enquanto desenvolvem e conectam as muitas ideias envolvidas ao perguntarem "Quantos?". Ao transformar a contagem e outras ideias em explorações contínuas e, em seguida, levar uma rica investigação para a classe quando os alunos estiverem prontos, você os ajudará na construção de uma base conceitual sólida para o pensamento matemático.

REFERÊNCIAS

BOALER, J.; ZOIDO, P. Why math education in the U.S. doesn't add up. *Scientific American*, 2016.

LOCKHART, P. *Measurement*. Cambridge: Harvard University, 2012.

SIEGLER, R. S.; RAMANI, G. B. Playing linear numerical board games promotes low income children's numerical development. *Developmental Science*, v. 11, n. 5, p. 655–661, 2008.

THURSTON, W. Mathematical education. *Notices of the American Mathematical Society*, v. 37, n. 7, p. 844–850, 1990.

NOTA SOBRE OS MATERIAIS

As salas de aula dos anos iniciais do ensino fundamental geralmente têm uma riqueza de materiais manipulativos e para demonstrar e explorar o mundo. Acreditamos, e extensas pesquisas apoiam, que todos os aprendizes de matemática se beneficiam de uma matemática visual, concreta e demonstrada em múltiplas representações. Os alunos precisam criar, desenhar e construir matemática fisicamente para desenvolver uma compreensão profunda do que os conceitos representam e significam. Precisam interagir com a matemática, manipular as representações para formular e investigar as perguntas. Aplicativos e jogos digitais são outra opção, e constatamos que eles são valiosos, pois podem ser organizados e manipulados de inúmeras formas. Entretanto, enfatizamos que eles não devem ser um substituto para a experiência tátil do trabalho com outros materiais manipulativos físicos. Nós sugerimos que diferentes ferramentas, quando adequadas, estejam disponíveis para os alunos utilizarem para representação e encorajamos você a pedir que eles reflitam sobre o que as ferramentas lhes permitiram ver matematicamente.

Em todos os nossos livros, você vai encontrar uma ênfase na matemática visual e no uso de materiais manipulativos. A lista a seguir inclui os materiais que utilizamos nas lições deste livro, associados a como entendemos que essas ferramentas são relevantes para a aprendizagem da matemática. Se materiais manipulativos ou outros não estiverem disponíveis em seu ambiente físico, a compreensão do propósito dessas ferramentas pode ajudá-lo a localizar substitutos que apoiarão os alunos a se engajarem nas grandes ideias deste livro.

Manipulativos e materiais usados neste livro

- **Cubos de encaixe.** Os cubos de encaixe são talvez o material matemático manipulativo mais flexível, e os recomendamos para todos os níveis de ensino. Na educação infantil, os cubos podem ser usados para contar e organizar, seja como objetos avulsos, seja como objetos agrupados. Unindo os cubos, os alunos podem ver a qualidade linear do número, e os números podem ser compostos e decompostos em partes, ancorando os conceitos de união e separação.
- **Pastilhas quadradas.** As pastilhas quadradas são um material manipulativo flexível que pode ser usado para representar unidades quadradas e construir padrões de quadrados fisicamente. Na educação infantil, utilizamos essas ferramentas, com os blocos, para construir e analisar padrões de pirâmides, criando uma base para o pensamento algébrico.
- **Dados.** Os dados são usados para jogar e explorar contagem e junção e são ferramentas maravilhosas para apoiar

a subitização* ou o reconhecimento de quantidades sem contar, o que os alunos vão aprender a fazer com mais facilidade com as muitas oportunidades de trabalhar com dados.

- **Blocos de padrão.** Os conjuntos de blocos de padrão consistem em muitas cópias de seis diferentes formas: quadrado, triângulo equilátero, trapézio, hexágono e dois paralelogramos diferentes. Essas formas são projetadas com ângulos específicos para se encaixar e formar ladrilhos, de modo que as formas maiores possam ser decompostas em algumas das formas menores. Na educação infantil, utilizamos blocos de padrão para ajudar os alunos a aprender a compor formas maiores a partir de formas menores.
- **Cores.** O desenho é um ponto de entrada para a demonstração de situações matemáticas e para o registro da contagem. Os desenhos podem, em última análise, incluir rótulos de identificação, como números e palavras, e ser um ponto de partida para a escrita matemática. Posteriormente, o trabalho de codificação por cores se torna uma ferramenta poderosa para a decomposição, a padronização e a conexão das representações. Com frequência, pedimos que os alunos tenham acesso a cores, sejam elas marcadores, lápis de cor ou canetinhas. Você escolhe.
- **Coleções de pequenos objetos.** As coleções de pequenos objetos oferecem a estudantes de todas as idades a oportunidade de contar, organizar, classificar e fazer estimativas. Na maioria dos casos, há muitos tipos diferentes de objetos que podem auxiliar nesse tipo de trabalho matemático, como miçangas, moedas, ursinhos, lápis ou botões, além dos materiais manipulativos mencionados. Na educação infantil, particularmente, recomendamos botões para uma de nossas atividades de classificação, pois eles têm muitos atributos que podem ser usados para criar grupos.
- **Ferramentas para organização, como tigelas, copos ou forminhas para *muffins*.** À medida que os alunos forem desenvolvendo ideias sobre como classificar e organizar objetos para contar ou entender as propriedades, eles se beneficiarão de ferramentas que os ajudam a manter a organização. Copos de papel ou tigelas funcionam bem, assim como outros recipientes pequenos ou latas. Também gostamos de forminhas para *muffins* para objetos muito pequenos, porque são mais difíceis de derrubar.
- **Câmeras.** As câmeras são ferramentas opcionais nas atividades em que são solicitadas, mas, quando disponíveis em qualquer tipo de aparelho, oferecem às crianças da educação infantil a oportunidade de capturar seu pensamento com

---

* N. de R. T.: Não há uma tradução exata para o termo *subtizing* em português, então, adotaremos a palavra subitização, que é a habilidade humana de reconhecer até cinco unidades sem contar uma por uma. Jo Boaler usa como referência a autora Jessica Shumway para caracterizá-la. Em seu livro *Number Sense Routines*, ela apresenta a ilustração: "Humanos (cientistas creem que o mesmo é verdadeiro para alguns animais) são capazes de ver pequenas quantias (geralmente cinco ou menos) como um todo e podem percebê-las sem contar uma por uma. Uma das minhas alunas da educação infantil, Layla, podia me mostrar imediata e precisamente 'quanto' com seus dedos antes mesmo que ela fosse capaz de contar. Eu colocava quatro cubos na frente dela e ela imediatamente me mostrava quatro dedos, embora não conseguisse verbalizar quantos cubos havia. Isso é subitização perceptiva – ela poderia perceber quatro sem contar. A subitização conceitual ocorre quando os alunos subitizam perceptivamente dois ou mais montantes e, em seguida, os combinam automaticamente. Por exemplo, um aluno pode reconhecer seis objetos imediatamente porque viu três e três e sabia que, quando combinados, isso faz seis". SHUMWAY, J. F. *Number sense routines*: Building numerical literacy every day in grades k-3. Columbus: Stenhouse, 2011.

precisão. Usamos câmeras para capturar os padrões, as construções e a organização dos manipulativos ou de outros materiais que os alunos criam. As crianças também usam câmeras para capturar padrões e números que elas veem no mundo real de suas salas de aula, de sua escola ou de sua comunidade.

- **Materiais escolares, como cartolina, cola em bastão, etiquetas adesivas, fichas de registro, hastes flexíveis, borrachas, clipes de papel e fita crepe.** Utilizamos esses materiais ao longo do livro para construir quadros e expor reflexões ou para um trabalho de montagem. Na educação infantil, usamos materiais de escritório ou escolares comuns para ajudar na classificação de objetos, e uma combinação dos objetos disponíveis será suficiente.

ENTENDENDO A QUANTIDADE FÍSICA DOS NÚMEROS

O objetivo mais importante para qualquer professor de matemática, na minha visão, deve ser o desenvolvimento da curiosidade e da apreciação nos alunos. Quando eles são curiosos, se tornam motivados e inspirados para aprender qualquer coisa a que se propõem. Provavelmente, não existe um período mais importante para impulsionar essa jornada de curiosidade do que quando eles estão iniciando a educação infantil. Isso se torna particularmente importante se eles estiverem em famílias em que os pais acham que devem fazer seus filhos se anteciparem à escola, ensinando métodos matemáticos para memorizar. Se os alunos pensarem que seu papel é lembrar de conjuntos de regras inflexíveis, eles serão prejudicados em sua jornada matemática. Há um grande perigo de que essa abordagem os leve a acreditar que matemática é isso – um conjunto de regras que eles não precisam entender, apenas memorizar. Em uma pesquisa internacional realizada com mais de 13 milhões de estudantes como parte do PISA, da OCDE, foi constatado que os estudantes que adotaram uma abordagem de memorização em matemática eram os que apresentavam desempenho mais baixo em todos os países (Boaler; Zoido, 2016). Infelizmente, é durante o ensino fundamental que os alunos desenvolvem a ideia, a partir de práticas como os testes cronometrados (Boaler, 2015), de que matemática é sobre memorização. O oposto de uma abordagem de memorização árida e pouco atraente da matemática é aquela que encoraja a curiosidade e a apreciação.

Convidamos os alunos a se maravilharem em todas as atividades deste livro, começando com a Grande Ideia 1. Na atividade **Visualize**, pedimos que eles discutam as vezes em que se perguntaram "Quantos?" e que você, então, distribua diferentes grupos de objetos e os convide a resolver quantos são.

Em nossa atividade **Brinque**, escolhemos fotografias que incluem vários objetos diferentes para contar e diversas maneiras de contá-los. Escolhemos fotografias que oferecem maneiras distintas de contar para ajudar os estudantes a saberem que, em matemática, geralmente há muitas maneiras diferentes de ver as coisas e formas variadas de abordá-las e que diferentes abordagens podem estar corretas se eles justificarem seu raciocínio e apresentarem razões para sua abordagem.

Em nossa atividade **Investigue**, convidamos os alunos a criarem seus próprios livros e recomendamos que eles trabalhem em duplas. Cada dupla recebe um número para o qual cria uma página para o livro de contagem da classe e, se possível, uma câmera. Eles podem ser levados para espaços onde devem procurar os números no mundo. Em grupo, a turma cria um livro inteiro, o qual pode consultar durante o resto do ano.

Jo Boaler

REFERÊNCIAS

BOALER, J. Fluency without fear: research evidence on the best ways to learn math facts. *Youcubed,* 2015.

BOALER, J.; ZOIDO, P. Why math education in the U.S. doesn't add up. *Scientific American*, 2016.

CONTE UMA COLEÇÃO

Visão geral

Os alunos ampliam sua capacidade de contar, contando coleções de objetos da sala de aula e chegando a um acordo com um colega sobre o número de objetos.

Conexão com o CCSS*
K.CC.4, K.CC.5, K.CC.1

Planejamento

Atividade	Tempo	Descrição/Estímulo	Materiais
Abertura	5-10 min	Pergunte aos alunos quantos tipos de perguntas "Quantos?" eles já fizeram. Diga que eles trabalharão com um colega para chegar a um acordo sobre quantos objetos há em um determinado grupo. Demonstre com um dos parceiros como comparar as contagens e resolver alguma discordância.	• Coleção de objetos (menos de 10) em um recipiente.
Explore	15-30 min	As duplas trabalham em conjunto para contar uma coleção de objetos e chegar a um acordo sobre quantos são.	• Coleção de vários objetos na sala de aula ou da vida cotidiana em recipientes. • Opcional: etiquetas adesivas ou fichas de registro.
Discuta	10 min	Reúna a turma em um círculo e convide as duplas a compartilhar como contaram suas coleções. As duplas podem demonstrar as maneiras como contaram. Destaque as características da contagem que você gostaria de ver os outros tentarem, como mover os objetos para contar.	• Opcional: quadro e marcador.
Amplie	Contínuo	Crie uma estação de contagem com uma coleção de objetos para a turma contar, em pequenos grupos ou independentemente, durante vários dias. Forneça ferramentas para registro das várias contagens. Discuta quantos há na coleção e chegue a um acordo com a turma.	• Coleção para contar. • Ferramentas para registro, como etiquetas adesivas ou fichas de registro.

Para o professor

Os conceitos de contagem se encontram na essência da matemática na educação infantil, e os educadores que pesquisam a aprendizagem da matemática e escrevem para professores tornarem a contagem central para a consideração da matemática precoce. A noção de contagem repetida e contínua de coleções de objetos é o tema de dois livros

---

* N. de R. T.: Em loja.grupoa.com.br, acesse a página do livro por meio do campo de busca e clique em Material Complementar para baixar a tradução dos parâmetros do CCSS indicados em todos os capítulos.

que recomendo: *Choral Counting & Counting Collections*, de Franke, Kazemi e Turrou (2018), e a unidade de estudo de Liu, Dolk e Fosnot (2007), *Organizing and Collecting*, que faz parte da série curricular *Contexts for Learning*. Esses dois recursos fornecem ideias claras de como incorporar a contagem de coleções de objetos da sala de aula e do cotidiano à trajetória escolar em longo prazo, no início da infância. Nesta atividade, descrevemos um esboço de como é esse trabalho, mas a pesquisa que Franke, Kazemi e Turrou (2018) conduziram nessa área deixa claro que contar é menos uma atividade do que uma rotina.

Uma das ideias principais na contagem de coleções é que o tamanho das coleções pode e deve ser adaptado ao desenvolvimento do conceito de contagem, como a sequência da contagem oral e a correspondência de um para um. Quando os alunos estão iniciando, as coleções provavelmente precisarão conter menos de 10 objetos e, para alguns, talvez não mais que 6. No entanto, esse número pode crescer e ir além de 20 objetos à medida que se desenvolver a capacidade de contagem. Aliás, retornamos a esse conceito na última grande ideia deste livro, com a premissa de que os estudantes podem contar até mais de 100 objetos no final do ano. Esse crescimento, entretanto, só é possível com oportunidades constantes de contar, recontar e aprender a organizar os objetos para a contagem.

As coleções que você fornece para serem contadas devem ser objetos comuns da sala de aula, como livros, cubos, ursos de pelúcia, giz de cera, marcadores, contadores, pastilhas ou prendedores de roupa. As coleções devem ser oferecidas em algum tipo de recipiente, como uma bolsa, uma tigela, um balde ou uma bandeja. Você deverá ter muitas coleções prontas para oferecer quando os alunos estiverem prontos para trabalhar com um novo grupo de objetos. Certifique-se de que elas tenham um número variado de objetos, dependendo da prontidão de seus estudantes, para que possa direcioná-los para coleções que ampliem suas capacidades de contagem.

ATIVIDADE

Abertura

Inicie a atividade perguntando: vocês alguma vez já se perguntaram "Quantos?"? Que tipos de perguntas "Quantos?" vocês já se fizeram? Dê aos alunos a oportunidade de conversar com um colega sobre os tipos de situações em que se perguntaram "Quantos são?". Ouça atentamente enquanto conversam e repita em voz alta algumas das questões que ouvir. Você pode ouvir perguntas como: "Quantos biscoitos posso comer de sobremesa?", "Quantas pessoas têm na sua turma?", "Quantos degraus tem a escada?" e "Quantos animais de estimação você tem?".

Diga aos estudantes que perguntar "Quantos?" é uma coisa que fazemos todos os dias. Diga-lhes que vocês começarão a descobrir outras maneiras de responder a essas perguntas contando os grupos ou coleções de objetos.

Apresente um pequeno grupo de objetos de sua sala de aula. O grupo deve conter mais de 5 e menos de 10 objetos. Pergunte: se meu colega e eu quiséssemos descobrir quantos são, o que poderíamos fazer? Demonstre como você e seu colega contam o grupo e verificam entre si, perguntando: você concorda? Diga aos alunos que eles trabalharão com um colega para contarem juntos uma coleção de objetos e que devem chegar a um acordo sobre quantos são. Isso pode significar contar o grupo várias vezes até que possam concordar.

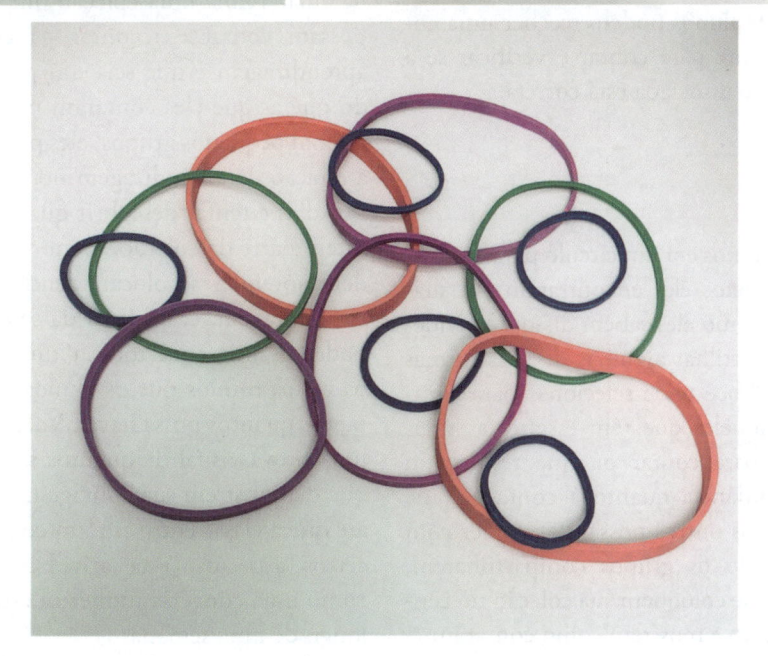

Exemplos de pequenas coleções para os alunos contarem.

Explore

Forneça para cada dupla um grupo de objetos para contar. As duplas trabalham em conjunto para contar o grupo de objetos e descobrir a quantidade. Os alunos trabalham para chegar a um acordo sobre a contagem, resolvendo as diferenças entre eles fazendo a recontagem juntos.

Enquanto os observa contando, preste atenção a *como* eles estão contando e identifique estratégias que você pode querer que eles compartilhem com a classe. Você também deve estar atento a oportunidades de se sentar com os estudantes e ajudá-los com a sequência numérica ou a resolver discordâncias.

Ofereça novas coleções para contar depois que eles tiverem terminado e concordado quanto ao número de objetos no grupo que haviam recebido. Com o tempo, eles podem aprender a identificar sua contagem com uma etiqueta adesiva ou uma ficha de registro. Os alunos podem receber uma coleção diferente para contar e verificar se a identificação associada está correta.

Discuta

Reúna os alunos em um círculo para discutir quantos objetos eles encontraram em suas coleções e como eles sabem disso. Convide-os a compartilhar algumas de suas formas de contar. Você pode selecionar para compartilhar aqueles que têm estratégias úteis ou novas para contar ou que resolveram uma discordância quanto à contagem, de modo que os outros possam aprender com eles. Quando os grupos compartilharem, peça-lhes que coloquem sua coleção no centro do círculo e mostrem como contaram.

Mencione em voz alta as estruturas que os estudantes usam para contar e organizar a contagem, como mover os objetos enquanto os contam, alinhá-los, tocar em cada um ou dizer o número quando os tocam. Ao destacar esses conceitos de contagem, os outros poderão ver novas maneiras de contar suas coleções no dia seguinte. Você pode criar um quadro da turma, intitulado *Como contamos,* para registrar algumas das estratégias que acharem úteis.

Amplie

Como dissemos na seção Para o professor, vemos isso como uma rotina contínua de contagem que pode se estender por semanas. No entanto, você também pode prolongar a atividade criando uma estação de contagem sobre uma mesa em sua sala de aula. Tenha uma coleção que os alunos possam contar e recontar na estação de aprendizagem e que seja um pouco maior do que as que eles contaram nesta atividade. Em pequenos grupos, eles podem visitar a estação de aprendizagem no curso de vários dias e tentar descobrir quantos objetos fazem parte da coleção. Com o tempo, podem aprender a colocar identificações em sua contagem, e, no final da semana, você pode discutir com toda a turma, usando os vários rótulos que os alunos colocaram, tantos quantos possa haver. Você pode criar uma prova visual de quantos são, pedindo que demonstrem sua contagem e recontem até que a classe entre em um consenso. Em certos aspectos, esta atividade funciona como uma conversa numérica estendida ao longo de uma semana.

Fique atento*

- **Os estudantes estão contando com correspondência de um a um? Onde a correspondência de um a um é interrompida?** Correspondência de um a um refere-se à atribuição de um nome de número a cada objeto, tipicamente acompanhada pelo toque nesse objeto. Isso requer a coordenação do ritmo da sequência de contagem com o ritmo do toque nos objetos e reflete uma compreensão de que os números se referem aos objetos que estão sendo contados. Entretanto, a correspondência de um a um não é algo que os alunos têm ou não têm de forma generalizada; eles podem ter correspondência de um a um até um ponto e, então, ter que interrompê-la. Por exemplo, você pode vê-los contarem com correspondência de um a um até seis, e, então, a sequência da contagem oral começar a ir mais rápido ou mais devagar do que suas mãos, levando a uma contagem geral imprecisa. Quanto mais os alunos trabalharem para entender sua contagem um pouco além de seu limiar para a correspondência de um a um, mais esse limiar irá se estender. A expectativa é que precisarão contar repetidamente, e esse é um trabalho de aprendizagem ativa. Use suas observações do limiar dos estudantes para a correspondência um a um para escolher coleções que estejam um pouco além do que eles conseguem contar confortavelmente.
- **Onde os alunos têm dificuldade com a sequência de contagem?** Você pode ver que os estudantes têm correspondência de um a um, mas os nomes dos números que eles atribuem a cada objeto não estão na ordem convencional. Por exemplo, podem contar um conjunto "1, 2, 3, 4, 5, 6, 7, 8, 9, 10, 11, 12, 14, 16, 15, 18, 19, 15, 18, 19...". Você pode observar lacunas na sequência, com números saltados, frequentemente entre 11 e 19, inversões da ordem ou repetições. Isso indica que eles precisam de ajuda com a sequência de contagem, não com o conceito em si. Em inglês, a sequência de contagem até 12, e em certa medida até 20, não tem uma lógica interna; os alunos simplesmente têm que lembrar dessas palavras.** Tudo aquilo que tem a ver com memória está sujeito ao esquecimento. Se você percebe que estão tendo dificuldades com a sequência de contagem que criam discordâncias entre as duplas, pode ajudá-los sentando-se com eles para fazerem a sequência de contagem juntos, mas certifique-se de não assumir a tarefa de tocar ou mover os objetos. Sugerimos que você incorpore algumas rotinas de contagem em coro para auxiliar os alunos na aprendizagem da sequência de contagem oral (Franke; Kazemi; Turrou, 2018).
- **Os alunos estão movendo os objetos para acompanhar sua contagem?** Para controlar os objetos que já contaram e aqueles que ainda não contaram, é útil que movam os objetos enquanto contam. Essa é uma das primeiras ideias de organização para contagem que os estudantes aprendem, o que no futuro também pode incluir o alinhamento dos objetos em grupos de 2, 5 ou 10. Se você notar que eles não estão movendo os objetos e estão tendo dificuldade para concordar sobre uma contagem, pode per-

---

* N. de R. T.: Esta seção do planejamento da atividade apresenta perguntas que podem auxiliar o professor no processo de avaliação da aprendizagem dos alunos.

** N. de R. T.: Em português, isso ocorre a partir do dez.

guntar: há alguma maneira de controlar qual objeto vocês já contaram? Se notar os alunos movendo os objetos para contar, aponte isso e pergunte: por que vocês moveram os objetos assim? Convide-os a compartilhar sua estratégia de contagem com a turma, durante a discussão, para enfatizar como o movimento nos ajuda a ter controle da nossa contagem e para chegar a um acordo.

- **Como as duplas estão resolvendo as discordâncias sobre quantos objetos há em sua coleção?** Conceitualmente, é importante que os alunos reconheçam que, se duas pessoas contam a mesma coleção, elas devem encontrar o mesmo número de objetos. Inicialmente, é provável que simplesmente aceitem que uma pessoa contou oito e a outra contou nove. Faça perguntas para desafiar essa aceitação e introduza a necessidade de chegarem a um acordo: então, são oito ou nove ursos de pelúcia? Você provavelmente vai precisar estimulá-los a contar novamente para verificar e, assim, ajudá-los na aprendizagem de que a recontagem é uma estratégia para resolver discordâncias ou ter certeza da contagem. Você também pode perguntar: como poderíamos descobrir se são oito ou nove ursos de pelúcia? Encoraje os estudantes que discordam a esclarecer sua contagem um para o outro. Você pode dizer coisas como: vamos mostrar para ele como você contou. Por que não colocamos os ursos de pelúcia aqui no meio? Se você contar devagar, poderemos ver como fez. Esses tipos de movimentos encorajam a precisão, a recontagem e a organização, enquanto, ao mesmo tempo, o colega que está observando aprende a acompanhar visualmente a contagem de outra pessoa. Você também pode lhes pedir que contem juntos, tocando e contando em voz alta, para que possam ouvir onde suas contagens diferem e discutir. Se não conseguirem chegar a um acordo por meio da recontagem, traga a coleção para a classe durante a discussão e convide os outros a ajudarem com a resolução da discordância. Você pode dizer para a turma: não conseguimos descobrir se esse grupo tem oito ou nove ursos de pelúcia. Vocês podem nos ajudar? O que podemos fazer para descobrir juntos?

Reflita

Como podemos contar um grupo de objetos para saber quantos há?

REFERÊNCIAS

FRANKE, M. L.; KAZEMI, E.; TURROU, A. C. *Choral counting & counting collections*. Portsmouth: Stenhouse, 2018.

LIU, N.; DOLK, M.; FOSNOT, C. T. *Organizing and collecting: the number system*. Portsmouth: Heinemann, 2007.

QUANTOS VOCÊ VÊ?

Visão geral

Os alunos usam imagens para responder à pergunta "Quantos você vê?" de muitas maneiras.

Conexão com o CCSS
K.CC.5, K.CC.4, K.CC.1, K.CC.3

Planejamento

Atividade	Tempo	Descrição/Estímulo	Materiais
Abertura	5-10 min	Mostre aos alunos a imagem dos materiais escolares e pergunte: quantos vocês veem? Os estudantes compartilham quantos eles viram e em que objetos focaram. Enfatize que há muitas coisas para contar na figura e muitas maneiras de contá-las.	• Folha de Materiais Escolares, para mostrar.
Explore	15-20 min	As duplas usam uma nova imagem para explorar a pergunta "Quantos vocês veem?". Elas rotulam suas contagens na imagem e tentam encontrar muitas maneiras diferentes de contar o que veem. Os alunos podem avançar para novas imagens quando estiverem prontos.	• Imagens de Quantos Você Vê?, muitas cópias por dupla. • Materiais para identificação.
Discuta	10 min	Começando pela imagem compartilhada, os estudantes mostram o que contaram e como contaram o que viram. Convide-os a compartilhar as formas como identificaram suas contagens na imagem. Enfatize a linguagem para deixar claro o que está sendo contado.	• Imagens de Quantos Você Vê?, para mostrar.
Amplie	Contínuo	Crie uma estação ou um centro de aprendizagem com imagens para os alunos contarem com um colega. Eles identificam suas contagens na folha.	• Imagens do conjunto fornecido aqui ou suas próprias imagens. • Ferramentas para identificação. • Opcional: protetores para as folhas.

Para o professor

Nesta atividade, nos baseamos no trabalho que os alunos estão fazendo para contar coleções contando os objetos em uma imagem. Isso é mais desafiador porque eles não podem mover os objetos enquanto os contam, e tocar uma imagem não é a mesma experiência que tocar um objeto tridimensional. Você provavelmente vai descobrir que os estudantes conseguem contar com facilidade menos objetos em uma imagem do que em uma coleção. Recorremos a *How Many?*, de Christopher Danielson (2018), que contém imagens ricas, principalmente de uma cozinha, para contagem.

Uma característica importante dessas imagens e daquelas apresentadas aqui é que há diversas coisas para contar, bem como formas de contá-las, incluídas em uma única foto. Isso concretiza várias coisas simultaneamente. Primeiro, as imagens são flexíveis, com múltiplas respostas e modos de ver. Segundo, os alunos têm opções, tornando possível contar grupos maiores ou menores. Terceiro, essas imagens os encorajam a prestar atenção à unidade de sua contagem. Ou seja, "Três" não é uma resposta suficiente para que os outros entendam; temos que saber "Três o quê?". Finalmente, as melhores imagens os encorajam a olhar para os mesmos objetos de múltiplas maneiras. Para algumas imagens, os estudantes podem considerar tanto as partes quanto o todo, como em um conjunto de aquarela com 12 cores em um estojo. Em outras, podem observar o que está presente e o que está faltando, como um estojo de lápis que está parcialmente ocupado.

Fornecemos algumas imagens e encorajamos você a também dar uma olhada no livro de Danielson (2018). No entanto, você e seus alunos podem criar suas próprias imagens usando os materiais em sua sala de aula ou encontrados em seu ambiente. Como alternativa, é possível encontrar ilustrações em livros com figuras que podem ser usados para esta atividade. Ao escolher ou compor as imagens para esta atividade, considere as características nomeadas no parágrafo anterior para torná-las flexíveis e razoavelmente complexas para que crianças pequenas contem de múltiplas maneiras.

ATIVIDADE

Abertura

Inicie a atividade mostrando o conjunto de imagens de materiais escolares. Pergunte: quantos vocês veem? Dê aos alunos a chance de olhar e pensar. Peça que eles ergam os polegares na altura do peito quando tiverem alguma coisa para compartilhar, assim como fariam em uma conversa numérica. Encorajamos muito tempo de espera. Peça que compartilhem quantos eles veem. Eles podem simplesmente dizer um número; insista para que sejam mais claros sobre a unidade fazendo perguntas como "Três o quê?" e pedindo que repitam o que disseram, nomeando tanto o número quanto a unidade. Chame a atenção para a ideia de que eles podem contar muitas coisas diferentes na figura, como clipes de papel ou lápis.

Diga aos alunos que eles examinarão as imagens com um colega e responderão à pergunta "Quantos vocês veem?".

Brinque

Forneça às duplas uma figura do conjunto de imagens Quantos Você Vê?. Os estudantes usam a imagem para responder à pergunta "Quantos você vê?" e tentam inventar muitas coisas diferentes para contar e concordam sobre quantas há. Eles podem identificar suas contagens na imagem circulando os grupos que contaram e adicionando identificações numéricas ou escrevendo na parte inferior da folha o número e a palavra para os objetos que contaram. Para ajudar na discussão posterior, forneça a todas as duplas a mesma primeira imagem, mas considere dar imagens diferentes depois disso, se achar que eles estão prontos para a exploração.

Durante a atividade, promova o questionamento sobre as imagens. Uma forma como os alunos podem começar a examiná-las é primeiro observando um grupo de três objetos, o que quer dizer que iniciam com uma resposta. Entretanto, outra forma é começar com um questionamento, como "Quantas cores há?". Em vez de fazer seus questionamentos, pergunte a eles: o que vocês se perguntam sobre esta imagem? O que vocês poderiam contar?

Discuta

Reúna os estudantes e mostre a imagem que todos contaram. Discuta as perguntas a seguir:

- Quantas vocês viram?
- O que vocês contaram?
- Como vocês souberam quantas havia?
- O que vocês fizeram quando discordaram do colega?
- Como vocês registraram sua contagem?

Enquanto os alunos compartilham, enfatize a linguagem para deixar claro o que contaram. Às vezes, eles podem não encontrar palavras para o que contaram, e essa é uma grande oportunidade de apresentar vocabulário para descrever os objetos ou as partes. Convide-os a compartilhar outras imagens que eles contaram. Você pode perguntar: alguém contou alguma coisa interessante em outra figura? O que vocês contaram e quantas eram?

Amplie

Esta atividade pode ser transformada em uma estação ou um centro de aprendizagem, onde você pode colocar um pequeno conjunto de imagens para os estudantes contarem juntos. As duplas podem discutir uma imagem, indicando quantas eles veem e o que estão contando. Você pode fornecer cópias suficientes para os alunos trabalharem no registro de suas contagens ou colocar as imagens dentro de protetores de folhas para que possam registrar com marcadores apagáveis.

Fique atento

- **Os estudantes estão especificando o que estão contando?** As unidades são fundamentais nesta atividade, porque não podemos considerar que estamos contando as mesmas coisas, como pode ocorrer quando estamos contando coleções ou em conversas de pontos. Se você notar que os alunos estão usando apenas números uns com os outros, pode lhes perguntar diretamente "Quatro o quê?" ou encorajar o colega a fazer essa pergunta, dizendo algo como: "Pergunte ao seu colega 'Quatro o quê?'". Fique atento àqueles que estão descrevendo o que estão contando especificamente, como "12 cores no estojo de pintura", e convide-os a compartilhar isso durante a discussão.
- **Como os alunos estão acompanhando suas contagens?** Na atividade Visualize, discutimos o papel de mover e organizar os objetos para contar. No entanto, nesta

atividade, o movimento não é possível, e os alunos vão precisar de outras estratégias para ajudá-los no controle da contagem. Para pequenas quantidades, eles podem não precisar de ajuda, mas, com grupos maiores, podem achar útil marcar com um lápis os objetos contados. Faça perguntas para ajudá-los a refletir sobre essa questão se parecer que estão tendo dificuldades, por exemplo: como vocês podem monitorar quais objetos já contaram? Certifique-se de enfatizar estratégias inovadoras durante a discussão.

- **Como os alunos estão rotulando suas contagens?** Produzir numerais e lembrar quais numerais combinam com os nomes dos números é uma tarefa difícil por si só. Esta atividade oferece um contexto real para a prática desse trabalho. Apesar de não querermos que os estudantes fiquem atolados em tanto trabalho de escrita, pedir que identifiquem pelo menos uma de suas contagens vai ajudá-los a fazer conexões entre as imagens dos objetos, as palavras para os números e os numerais. Eles também podem inventar formas interessantes de identificar com círculos, linhas e flechas, e é importante compartilhá-las com os outros durante a discussão.

Reflita

O que torna contar "quantos" em uma figura diferente de contar objetos em uma coleção?

REFERÊNCIA

DANIELSON, C. *How many?* Portland: Stenhouse, 2018.

⊡ MATERIAIS ESCOLARES

Mentalidades matemáticas na educação infantil, de Jo Boaler, Jen Munson e Cathy Williams.
Copyright 2024 – Penso Editora Ltda.

QUANTOS VOCÊ VÊ?

Mentalidades matemáticas na educação infantil, de Jo Boaler, Jen Munson e Cathy Williams.
Copyright 2024 – Penso Editora Ltda. *Fonte:* Shutterstock.com/Natykach Nataliia.

QUANTOS VOCÊ VÊ?

Mentalidades matemáticas na educação infantil, de Jo Boaler, Jen Munson e Cathy Williams.
Copyright 2024 – Penso Editora Ltda.

QUANTOS VOCÊ VÊ?

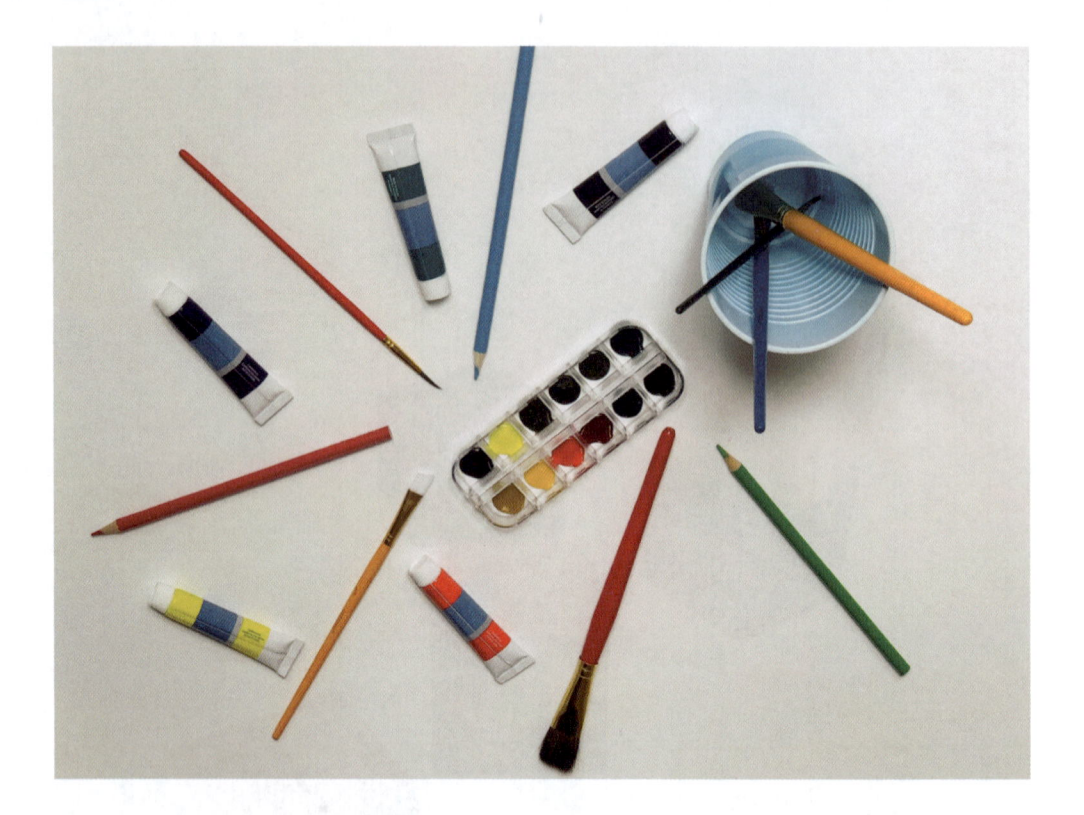

Mentalidades matemáticas na educação infantil, de Jo Boaler, Jen Munson e Cathy Williams.
Copyright 2024 – Penso Editora Ltda.

QUANTOS VOCÊ VÊ?

Mentalidades matemáticas na educação infantil, de Jo Boaler, Jen Munson e Cathy Williams. Copyright 2024 – Penso Editora Ltda. *Fonte:* Shutterstock.com/Anatolir.

FAZENDO UM LIVRO DE CONTAGEM

Visão geral

A turma trabalha em conjunto para construir um livro de contagem usando fotografias que eles capturam de números no mundo.

Conexão com o CCSS
K.CC.4, K.CC.5, K.CC.1, K.CC.3, K.CC.6

Planejamento

Atividade	Tempo	Descrição/Estímulo	Materiais
Abertura	10 min	Mostre aos alunos um ou mais exemplos de livros de contagem e discuta como os autores apresentam cada número. Diga que eles vão construir um livro de contagem da turma. Em conjunto, decidam que características cada página deverá ter.	• Exemplos de livros de contagem.
Explore	Muitos dias	Atribua a cada dupla um ou mais números para os quais deverão construir uma página para o livro de contagem da turma. Forneça às duplas uma câmera, se possível, e leve os alunos até espaços onde eles possam procurar seus números no mundo. As duplas, então, tiram fotos e elaboram páginas para cada número que elas devem representar. Construa um livro de contagem da turma.	• Câmera, por dupla, ou ferramentas para desenhar, como prancheta e cores. • Ferramentas para construir as páginas do livro, como acesso a computadores ou cartolina, cola em bastão e cores, dependendo do tipo de livro que você quer construir.
Discuta	15 min	Leia em voz alta o livro de contagem da turma. Para cada página, pergunte à turma como eles veem o número representado. Pergunte à dupla que construiu a página como ela escolheu a imagem para representar o número.	• Livro de contagem da turma.
Amplie	Contínuo	Disponibilize o livro de contagem da turma para os alunos lerem e levarem para casa para compartilhar com suas famílias. Considere acrescentar páginas ao livro de contagem à medida que ampliarem sua contagem, particularmente para números múltiplos de 10.	• Livro de contagem da turma. • Ferramentas para fazer acréscimos ao livro (varia dependendo do tipo de livro que vocês construíram).

Para o professor

Nesta investigação, convidamos os estudantes a construir juntos um livro de contagem da turma, uma atividade inspirada por uma querida colega e professora da pré-escola, Thora Balk. Os livros de contagem são um recurso básico no começo da infância, e existem muitos exemplos excelentes, como *Ten Black Dots*, de Donald Crews (1995), *Fish Eyes*, de Lois Ehlert (1990), e *City 123*, de Zoran Milich (2007). Os livros de contagem mais úteis, de uma perspectiva da aprendizagem de matemática, incluem imagens claras e fáceis de contar, em cores vivas e com formas simples. Essas imagens são associadas aos numerais e, algumas vezes, ao nome do número. É proveitoso quando o número destaca a unidade que está sendo contada, como em "1 peixe verde", de Ehlert. O livro de Milich (2007) vai um passo além, mostrando a sequência da contagem, tudo de uma vez, com uma sequência de pontos. Encorajamos você a ler alguns desses livros em voz alta antes de iniciar esta investigação para que os alunos estejam familiarizados com o gênero e possam pensar sobre as características que podem querer incluir em seu próprio livro.

Previamente, você vai precisar decidir a abrangência do livro de contagem de sua turma, levando em conta quantos alunos você tem e os números com os quais eles estão confortáveis para trabalhar. Seu livro pode ser de 1 a 10, 1 a 12, 1 a 20, ou mais. Os estudantes trabalharão em duplas para construir uma ou mais páginas do livro, e encorajamos você a atribuir os números levando em consideração as demandas de cada um deles. Por exemplo, faria sentido que a dupla que estivesse produzindo a página para o número 1 também produzisse outra página, mas que uma dupla que estivesse produzindo a página 13 produzisse apenas ela.

A ideia é que, para construir uma página do livro, os estudantes possam tirar fotos no mundo para representar seu número, seja apresentando as fotos para fazer uma coleção de objetos na sala de aula, seja saindo em uma caçada de números no pátio para procurar grupos de objetos para representar seu número. Por exemplo, em uma sala de aula, vimos alunos encontrarem galhos no chão com cinco ramos para representar o número 5 ou um brinquedo de trepa-trepa para mostrar o número 8.

A forma que o livro de sua turma assume vai depender de seus recursos e do tempo. Você pode pedir que os alunos produzam as páginas fisicamente, colando as fotos no papel e escrevendo à mão os rótulos de identificação, e, então, colocá-las em protetores de folhas em uma pasta. Você também pode escanear essas folhas físicas para imprimir muitas cópias do livro. Ou pode usar a tecnologia para produzir um livro por meio de um serviço de impressão *on-line*, ou mesmo fazer um livro virtual com *slides*. No entanto, se você decidir produzi-lo, considere como poderá disponibilizá-lo para que os alunos leiam depois que ele for construído.

ATIVIDADE

Abertura

Inicie a atividade lembrando aos alunos tudo o que eles contaram com objetos e nas figuras nas atividades Visualize e Brinque. Mostre a eles um ou mais exemplos de um livro de contagem e fale sobre como esses livros são organizados contando progressivamente, com (em geral) uma página para cada número. Mostre uma página para um número particular, como o 5, e pergunte: o que os autores colocaram nessa página para mostrar o 5? Dê a eles uma chance para conversarem

Exemplos de fotos dos alunos.

entre si e, então, colha algumas ideias. O autor pode apresentar uma imagem, o numeral e talvez o nome do número. Certifique-se de que os estudantes vejam que cada página obedece ao mesmo formato.

Diga aos alunos que eles farão um livro de contagem em grupo, com as duplas encarregadas de números diferentes. Pergunte à turma: o que devemos mostrar em cada página para ajudar nossos leitores a entender o número? Devemos ter uma imagem? O numeral? O nome? Mais alguma coisa? Em grupo, entrem em acordo sobre como deve ser a aparência de cada página. Encorajamos você a incluir pelo menos uma imagem e o numeral.

Explore

Atribua a cada dupla um ou mais números para produzir uma página do livro. Forneça câmeras aos alunos. Se você não tiver acesso a câmeras, poderá pedir que, em vez disso, eles façam um esboço do que veem. Se você decidir seguir por esse caminho, precisará fornecer pranchetas e cores. Os alunos podem tirar muitas fotos para seu(s) número(s). Como grupo, vocês precisarão decidir se podem incluir múltiplas fotos ou se devem escolher a mais nítida ou a mais interessante.

Leve-os a lugares onde possam procurar os números no mundo. Pode ser sua sala de aula, a escola, o *playground*, um parque ou a comunidade. Dê tempo para explorarem. Eles farão muitas contagens, estimativas e comparações no processo.

De volta à sala de aula, possibilite o acesso aos materiais adequados à forma como você gostaria de construir o livro, sejam essas ferramentas físicas (como cartolina e cola em bastão) ou digitais. Ajude-os a pensar sobre como identificar suas imagens e lembre-os das combinações feitas pela turma sobre as características que eles precisam incluir. Você pode ajudá-los na construção de suas páginas, em pequenos grupos, durante vários dias.

Discuta

Leia o livro de sua turma em voz alta. Para cada página, peça que os alunos se aproximem e mostrem como eles veem cada número nas imagens que os colegas criaram. Peça que os criadores de cada página compartilhem algo sobre como eles escolheram a imagem ou a viram no mundo. Depois de ter lido o livro, pergunte: o que vocês acham que torna seu livro um livro de contagem útil?

Amplie

Deixe o livro de sua turma disponível em uma estação de aprendizagem ou na biblioteca da sala de aula. Você pode permitir que os estudantes o retirem para levar para casa e compartilhar com suas famílias ou o leiam em voz alta em um evento na escola.

Considere fazer acréscimos ao livro posteriormente, ao longo do ano, à medida que os alunos estiverem mais confortáveis com números maiores. Você pode escolher adicionar números consecutivamente (como 21, 22, 23, 24...) ou destacar apenas os múltiplos de 10 (30, 40, 50, 60...). Você pode acrescentar uma página para o número 100 com a turma no 100º dia letivo.

Fique atento

- **Os alunos estão pensando de forma abrangente sobre onde podem encontrar números no mundo?** Onde eles podem procurar números no mundo vai depender de quais espaços têm para explorar durante a caça aos números. No entanto, em cada espaço, alguns números são mais óbvios, e outros, mais sutis. Por exemplo, no *playground*, pode ser que os alunos encontrem quatro balanços com mais facilidade do que um grupo de quatro nozes no chão ou quatro pontos em uma folha de álamo. Encoraje-os a procurar amplamente exemplos de seus números e a tirar muitas fotografias. Um dos objetivos centrais desta investigação é promover a visão matemática do mundo e a percepção dos números em toda parte. Mesmo que os estudantes encontrem rapidamente um exemplo de seu número, o que pode ser o caso para aqueles que estão representando números menores do que 5, desafie-os a procurar lugares escondidos onde poderiam encontrar seu número. Esse é um bom argumento para permitir que os alunos incluam mais de uma foto na página de seu número, assim, tanto eles quanto o leitor poderão ver múltiplas maneiras como o número pode ser representado.

- **Enquanto os estudantes procuram seus números no mundo, eles estão contando com precisão para verificar?** Quando procurarem seu número no mundo, provavelmente irão desenvolver palpites sobre onde ele pode ser encontrado. Esses palpites são o fundamento para a estimativa. Os alunos podem ver uma pilha de livros ou um galho com ramos e pensar "Parece correto". É importante tornar esses palpites explícitos e nomeá-los como estimativa, como em: "Vocês viram aquela pilha e acharam que parecia ter cerca de seis livros. Vocês *estimaram* que tinha cerca de seis livros. Essa foi uma forma útil de procurar o 6". O próximo passo é verificar suas estimativas. Valorizar a estimativa significa que, mesmo quando a pilha de seis livros na verdade tiver cinco ou sete livros, você pode enfatizar essa prática matematicamente útil. Encoraje-os a verificar suas estimativas mais de uma vez, particularmente com itens em que tocar ou monitorar a contagem possa ser mais difícil, como com as barras no trepa-trepa ou os ramos em um galho.

- **Os alunos estão usando uma linguagem comparativa enquanto procuram seus números no mundo?** Neste trabalho de contagem, estão incluídas oportunidades para o desenvolvimento de ideias sobre comparações numéricas e conexão com suas estimativas. Quando os estudantes verificam os números que veem no mundo, provavelmente haverá vezes em que o que veem é maior ou menor do que o número que estão procurando. Nesses momentos, você nota que eles usam espontaneamente uma linguagem comparativa? Eles podem usar uma linguagem como *demais*, *muito grande*, *muitos*, *mais*, *menos*, *não suficiente* ou *muito pequeno*. Formule perguntas sobre seu raciocínio, por exemplo, "Como você sabe?". Se os alunos simplesmente rejeitarem alguma coisa que contaram como incorreta, insista para que façam comparações, com perguntas como "É mais ou menos do que seu número?" ou "Como você sabe?".

- **Os alunos estão atentando às características de um livro de contagem que tornam os números claros?** Quando sua turma definir a estrutura de seu livro de contagem, os estudantes precisarão prestar atenção a ela para criar as páginas. Eles precisarão focar os elementos que precisam ser incluídos e se há algum formato de como eles são organizados. Essa é uma forma de padronização sobre a qual frequentemente não falamos em matemática, mas livros estruturados são padrões. Em essência, estamos pedindo que definam e, então, reproduzam o padrão na forma de suas páginas, e isso está longe de ser um trabalho simples. Convide-os a refletir sobre o padrão do livro e a razão para seus elementos, em vez de apenas lhes dizer o que produzir e como. Pergunte: de que partes sua página precisa? Onde precisamos colocar essas partes para que elas combinem com as outras páginas do livro? O que combinamos em grupo?

Reflita

Onde vemos números no mundo?

REFERÊNCIAS

CREWS, D. *Ten black dots*. New York: Mulberry Books, 1995.

EHLERT, L. *Fish eyes:* a book you can count on. New York: Voyager, 1990.

MILICH, Z. *City 123*. Toronto: Kids Can, 2007.

USANDO OS DEDOS COMO NÚMEROS

Às vezes fico muito surpresa quando leio os resultados de pesquisas neurocientíficas, e esta área de pesquisa foi uma que me surpreendeu mais do que qualquer outra. Pesquisas mostraram que, quando calculamos com números, uma área de nosso cérebro que está vendo os números se ilumina (Berteletti; Booth, 2015). Quanto mais difícil o problema, mais provavelmente essa área cerebral será ativada. É por essa razão que os neurocientistas recomendam que os alunos empreguem um bom tempo para desenvolver a percepção dos dedos, o que significa que eles devem conhecer bem seus diferentes dedos por meio do toque. Um teste para a percepção dos dedos é esconder uma das mãos debaixo de um livro ou da mesa e pedir que alguém toque as pontas de seus dedos. As pessoas com boa percepção dos dedos conseguem identificar com facilidade os dedos que estão sendo tocados. Um teste da percepção dos dedos mais desafiador é tocar os dedos em dois lugares diferentes – a ponta e a área intermediária do dedo.

Esses são alguns fatos interessantes sobre a percepção dos dedos:

- A extensão da percepção dos dedos de estudantes universitários prediz sua pontuação em testes de cálculo (Penner-Wilger; Anderson, 2013).

- A percepção dos dedos no 1º ano é um melhor preditor do desempenho em matemática no 2º ano do que testes (Penner-Wilger *et al.,* 2009).
- Acredita-se que o desempenho de músicos em matemática superior, uma relação que foi observada por muitos anos, se deve a suas oportunidades de desenvolvimento de uma boa percepção dos dedos (Beilock, 2015).

Alguns professores e pais acreditam que o uso dos dedos em matemática é infantil e não deve ser permitido. Quando é dito a alunos de qualquer idade que eles não podem usar os dedos, estamos detendo seu desenvolvimento matemático – o uso dos dedos é, de fato, assim tão importante. Por essa razão, focamos esta grande ideia na percepção dos dedos, ajudando os estudantes a conhecer seus dedos e a saber que são um recurso matemático realmente importante.

Em nossa atividade **Visualize**, os alunos têm oportunidades de conhecer seus dedos, percorrendo caminhos através de labirintos, escolhendo os pontos corretos sobre onde colocá-los e tocando as notas em um "piano". Os professores podem escolher entre essas tarefas de percepção dos dedos ou possibilitar que os estudantes trabalhem em todas elas.

Depois de construir a discriminação dos dedos na atividade Visualize, convidamos os alunos, na atividade **Brinque**, a conectar os dedos com os números, usando os nomes dos números e os pontos em um dado. Os professores podem jogar esse jogo com toda a turma, rolando um dado e pedindo que os estudantes mostrem com seus dedos quantos pontos eles veem. A turma, então, chega a um acordo conjunto quanto ao número.

Em nossa atividade **Investigue**, as duplas espelham os números apresentados em suas mãos, e os alunos exploram maneiras de descobrir quantos dedos estão levantados e abaixados. Eles podem, então, ser convidados a participar de discussões sobre as escolhas que fizeram.

Jo Boaler

REFERÊNCIAS

BEILOCK, S. *How the body knows its mind:* the surprising power of the physical environment to influence how you think and feel. New York: Simon & Schuster, 2015.

BERTELETTI, I.; BOOTH, J. R. Perceiving fingers in single-digit arithmetic problems. *Frontiers in Psychology*, v. 6, 2015.

PENNER-WILGER, M.; ANDERSON, M. L. The relation between finger gnosis and mathematical ability: why redeployment of neural circuits best explains the finding. *Frontiers in Psychology*, v. 4, n. 877, 2013.

PENNER-WILGER, M. *et al.* Subitizing, finger gnosis, and the representation of number. *In*: ANNUAL COGNITIVE SCIENCE SOCIETY, 31., 2009. *Proceedings* […]. 2009. Disponível em: https://escholarship.org/uc/item/37c0j95f. Acesso em: 13 nov. 2023.

SENTINDO OS DEDOS

Visão geral

Os alunos constroem a discriminação dos dedos por meio de três atividades, nas quais combinam seus dedos em ambas as mãos com cores.

Conexão com o CCSS
Ver a seção Para o professor.

Planejamento

Atividade	Tempo	Descrição/Estímulo	Materiais
Abertura	10 min	Diga aos alunos que os dedos são ferramentas para pensar e dê exemplos de como eles já fazem isso. Diga que eles realizarão atividades para ajudá-los a conhecer bem seus dedos. Marque os dedos dos estudantes com cores. Demonstre uma das três atividades.	• Marcadores para pintar os dedos dos alunos: vermelho, amarelo, verde, azul e roxo. • Folhas de atividades para demonstrar.
Explore	15-20 min	Os alunos exploram uma das três atividades: Labirinto de Dedos, Na Mosca e Tocando Piano.	• Atividade 1: disponibilize 1 a 3 folhas de atividade Labirinto de Dedos. • Atividade 2: folhas de atividade Na Mosca, uma por aluno. • Atividade 3: folhas de atividade Tocando Piano cortadas em tiras e coladas em uma mesa.
Discuta	10 min	Discuta que mão e que dedos foram mais fáceis de usar. Pergunte se eles acharam que ficou mais fácil usar os dedos enquanto executavam a(s) atividade(s) e como eles sabiam.	
Amplie	Contínuo	Os estudantes podem fazer as três atividades como uma estação ou um centro de aprendizagem depois que souberem como cada uma delas funciona. Eles podem criar suas próprias versões de cada atividade usando o protótipo ou os modelos fornecidos para fazer as suas.	• Materiais organizados como uma estação ou um centro de aprendizagem. • Opcional: folhas de atividade Seu Próprio Labirinto de Dedos, folhas com protótipo de atividade Na Mosca, folhas com protótipo de atividade Tocando Piano e cores para os alunos customizarem as atividades.

Para o professor

A atividade Visualize é formada por três diferentes atividades menores que você pode introduzir sucessivamente. Cada uma constrói a percepção dos dedos – a habilidade de discriminar entre os diferentes dedos e usá-los independentemente –, começando com Labirinto de Dedos, prosseguindo com Na Mosca e, então, chegando em Tocando Piano. Essas três atividades são adaptadas da pesquisa de Gracia-Bafalluy e Noël (2008), que descobriram que exercícios para treino dos dedos como esses podem ajudar os alunos na aprendizagem da percepção dos dedos, o que, por sua vez, auxilia na aprendizagem da matemática em geral. Embora esses tipos de atividades, que são precursoras do uso dos dedos para representar, compor e decompor números, não estejam representados entre os CCSS para a educação infantil, a pesquisa é clara ao demonstrar os benefícios na aprendizagem de matemática com o trabalho com os dedos na ausência de números.

Recomendamos que você introduza uma dessas atividades de cada vez, como partes do mesmo dia de aprendizagem de matemática ou ao longo de três dias diferentes. Posteriormente, cada atividade pode se transformar em algo que os alunos fazem em estações ou centros de aprendizagem, de forma independente ou com um colega. Para marcar os dedos com cores, recomendo o uso de marcadores em suas unhas; adesivos podem funcionar, mas com frequência eles caem. Um pequeno ponto colorido feito com um marcador é rápido e não vai desaparecer durante a atividade.

ATIVIDADE

Abertura

Inicie a atividade dizendo aos estudantes que os dedos são ferramentas para pensar e que conhecer bem seus dedos os ajudará a fazer isso. Dê alguns exemplos de como eles

Mãos com cada dedo da mão esquerda identificado com um ponto colorido diferente sobre a unha. As cores na mão direita são uma imagem espelhada da esquerda.

Fonte: Shutterstock.com/logistock.

usam seus dedos para pensar, como quando mostram quantos anos têm, contam e movimentam suas mãos enquanto caminham.

Diga aos alunos que eles trabalharão em três atividades diferentes que os ajudarão a conhecer melhor seus dedos. Mostre que os dedos deles serão marcados com cores para que todos tenham uma maneira de falar sobre cada dedo como uma cor. Marque cada dedo com uma cor: amarelo para os polegares, vermelho para os indicadores, verde para os dedos médios, azul para os anelares e roxo para os mindinhos. Você pode mudar a ordem dessas cores posteriormente para continuar a usar as atividades e mantê-las desafiadoras.

Apresente uma das atividades e mostre como eles vão combinar seus dedos por cores e toque ou traço. Peça que um aluno demonstre para o grupo como fazer isso.

Explore

Atividade 1: Labirinto de Dedos

Forneça aos estudantes acesso às três folhas de atividade Labirinto de Dedos. Eles podem jogar independentemente e não precisam marcar na folha. As folhas podem ser trocadas para novos labirintos e reutilizadas.

Os alunos combinam o dedo com a linha com a mesma cor e percorrem o labirinto do início ao fim. Eles podem fazer isso com cada mão e cada cor. Também podem percorrer o mesmo labirinto repetidamente e atravessar todos os três labirintos.

Atividade 2: Na Mosca

Forneça a cada estudante a folha de atividade Na Mosca. Esta atividade pode ser feita em pequenos grupos ou com a turma

toda. Neste jogo, o professor menciona duas cores, uma para cada mão. Os alunos, então, tocarão um dedo de cada mão com um ponto da mesma cor no tabuleiro. Se quiser encorajá-los a aprender direita e esquerda, você pode evocar essas cores, como: "Mão esquerda, azul. Mão direita, amarelo". Caso contrário, você pode simplesmente dizer: "Com uma mão, toquem o azul. Com a outra mão, toquem o amarelo". Os estudantes, dessa forma, tocarão um dedo de uma mão no ponto azul e, da mesma forma, tocarão um dedo da outra mão no ponto amarelo. Pode demorar algum tempo para entenderem isso; não os apresse. Repita, evocando várias combinações de cores diferentes. Mais tarde, os alunos podem jogar em duplas ou em pequenos grupos, alternando quem vai chamar as cores para o outro.

Atividade 3: Tocando Piano

Prepare um espaço como uma estação com um piano para um pequeno grupo, cortando em tiras as folhas de atividade Tocando Piano para que cada uma possa ser colada em uma superfície separada na mesa, diante da qual uma criança se senta. Cada uma dessas tiras cria um piano diferente. Incluímos uma folha em branco, caso você (ou os estudantes) queira desenhar o seu.

Os alunos jogam este jogo independentemente. Sentados à frente de um dos pianos, cada um toca as teclas em ordem com cada mão. Depois de se sentirem confortáveis tocando com uma das mãos, eles podem passar a usar as duas mãos. Começando pela esquerda (ou pela direita) de cada grupo de teclas, os alunos tocam em cada tecla com ambas as mãos simultaneamente. Após terem a chance de tocar um piano algumas vezes, eles podem alternar para um novo piano.

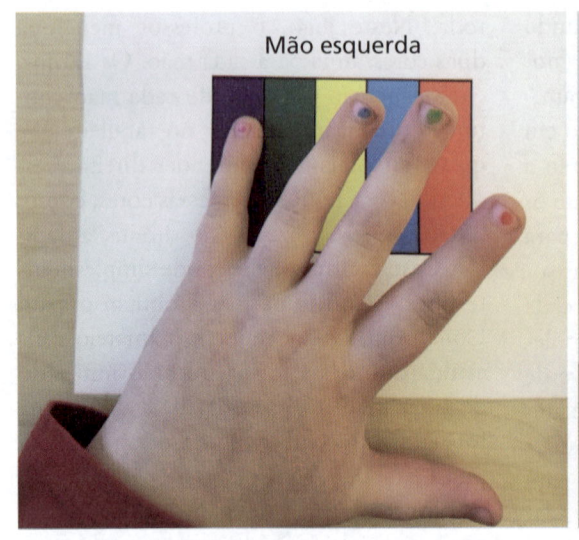 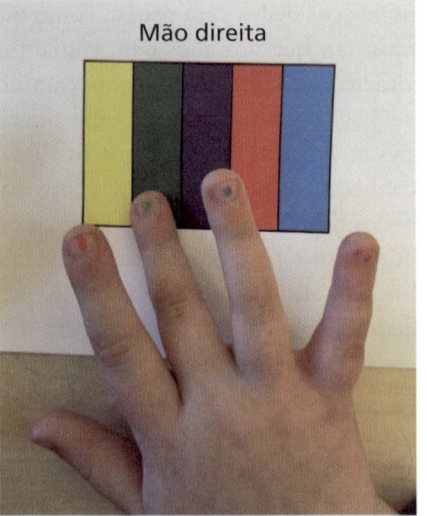

| O dedo mindinho da mão esquerda, com um ponto roxo sobre a unha, é colocado sobre a tecla roxa correspondente à mão esquerda. | O dedo médio da mão direita, com um ponto verde sobre a unha, é colocado sobre a tecla verde correspondente à mão direita. |

Uma criança toca a tecla vermelha com as mãos esquerda e direita simultaneamente.

Discuta

Depois que os estudantes tiveram a chance de realizar uma ou mais dessas atividades, discuta as seguintes perguntas com a turma:

- Foi mais fácil usar uma mão do que a outra? Qual delas?
- Foi mais fácil usar alguns dedos do que outros? Quais deles?
- Foi ficando mais fácil combinar seus dedos com as cores? Como você percebeu?

Amplie

As três atividades podem se tornar estações de aprendizagem ou atividades em pequenos grupos para os alunos continuarem a trabalhar ao longo do tempo. Fornecemos modelos em branco para cada jogo para que eles possam criar suas próprias versões.

Fique atento

- **Os alunos estão prestando atenção às cores?** As atividades intencionalmente exigem a atenção às cores em ambas as mãos. Para eles, pode ser desafiador localizar a cor em suas mãos e, então, combiná-la com a folha, colocando cada dedo na localização correspondente. Iniciamos com o Labirinto de Dedos porque este permite que os estudantes foquem primeiro apenas uma das mãos e, depois, a outra, em vez de ambas simultaneamente. Quando passam para o jogo Na Mosca, os alunos precisam ouvir o nome da cor, imaginar o que aquele nome significa, associá-lo às suas mãos e, então, combinar com a folha de atividade. Essa é uma cadeia de conexões relativamente longa a ser seguida, e a expectativa é de que eles precisem de muito tempo para isso. Possibilitar um tempo de espera, repetir as cores em voz alta e fazer perguntas de apoio específicas (p. ex., "Qual dedo é azul?") vai auxiliá-los na construção das conexões entre o cérebro e as mãos, as quais os ajudarão no pensamento matemático em longo prazo.

- **Os alunos estão monitorando e tentando usar as duas mãos?** É bem provável que você note que os estudantes são muito mais fluentes quando você lhes pede para trabalharem com uma mão do que quando pede que trabalhem com as duas, e que sua mão dominante é muito mais fácil de usar em qualquer jogo. Os alunos podem até mesmo tender a só olhar para uma mão ou a usar somente uma das mãos, mesmo quando o jogo pedir que usem ambas. Encoraje-os a usar as duas mãos, mas a usá-las uma de cada vez. Eles podem querer usar primeiro sua mão dominante para, por exemplo, tocar uma tecla do piano e, então, mantendo essa mão abaixada, tentar localizar o dedo que precisam em sua mão não dominante. Tenha em mente que os estudantes estão construindo conexões neurais enquanto fazem esse trabalho, e mais tempo e menos pressão deixarão esse processo mais divertido, em vez de estressante.

Reflita

O que vocês notaram quanto ao uso de seus dedos que não haviam notado antes?

REFERÊNCIA

GRACIA-BAFALLUY, M.; NOËL, M. P. Does finger training increase young children's numerical performance? *Cortex*, v. 44, n. 4, p. 368–375, 2008.

🔵 LABIRINTO DE DEDOS 1

Mentalidades matemáticas na educação infantil, de Jo Boaler, Jen Munson e Cathy Williams.
Copyright 2024 – Penso Editora Ltda. *Fonte*: Shutterstock.com/adaptado de Refluo.

LABIRINTO DE DEDOS 2

Mentalidades matemáticas na educação infantil, de Jo Boaler, Jen Munson e Cathy Williams.
Copyright 2024 – Penso Editora Ltda. *Fonte*: Shutterstock.com/adaptado de NotionPic.

LABIRINTO DE DEDOS 3

Mentalidades matemáticas na educação infantil, de Jo Boaler, Jen Munson e Cathy Williams. Copyright 2024 – Penso Editora Ltda. *Fonte:* Shutterstock.com/adaptado de Klara Viskova.

 **LABIRINTO DE DEDOS 4**

Fim

Início

Mentalidades matemáticas na educação infantil, de Jo Boaler, Jen Munson e Cathy Williams.
Copyright 2024 – Penso Editora Ltda.

NA MOSCA

Mentalidades matemáticas na educação infantil, de Jo Boaler, Jen Munson e Cathy Williams.
Copyright 2024 – Penso Editora Ltda.

PROTÓTIPO PARA NA MOSCA

Mentalidades matemáticas na educação infantil, de Jo Boaler, Jen Munson e Cathy Williams.
Copyright 2024 – Penso Editora Ltda.

TOCANDO PIANO 1

Mentalidades matemáticas na educação infantil, de Jo Boaler, Jen Munson e Cathy Williams.
Copyright 2024 – Penso Editora Ltda.

TOCANDO PIANO 2

Mentalidades matemáticas na educação infantil, de Jo Boaler, Jen Munson e Cathy Williams.
Copyright 2024 – Penso Editora Ltda.

PROTÓTIPO PARA TOCANDO PIANO

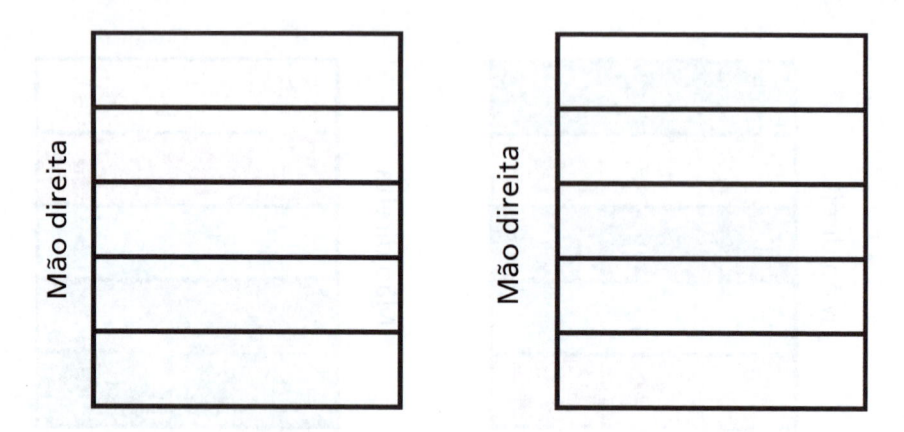

Mentalidades matemáticas na educação infantil, de Jo Boaler, Jen Munson e Cathy Williams.
Copyright 2024 – Penso Editora Ltda.

MOSTRE-ME COM SEUS DEDOS

Visão geral

Os alunos mostram com seus dedos o número rolado em um dado e tentam encontrar maneiras criativas de mostrar cada número, construindo conceitos de contagem e equivalência.

Conexão com o CCSS
K.CC.4, K.CC.5, K.OA.3

Planejamento

Atividade	Tempo	Descrição/Estímulo	Materiais
Abertura	10-15 min	Jogue o jogo Mostre-me com Seus Dedos com toda a turma, rolando um dado e pedindo que os alunos mostrem com seus dedos quantos pontos eles veem. Cheguem a um acordo sobre quantos pontos há e compartilhem as diferentes maneiras de mostrar esse número com as mãos.	• Dado.
Brinque e discuta	15-20 min	Jogue o jogo Mostre-me com Seus Dedos como uma atividade em pequenos grupos, com o professor sendo o facilitador. Role um dado e discuta as maneiras que os alunos encontram para mostrar os números com seus dedos. Discuta sobre que números foram mais desafiadores ou interessantes de fazer com suas mãos e que maneiras interessantes eles viram para mostrar os números.	• Dado.
Amplie	20+ min	As duplas jogam Mostre-me com Seus Dedos, revezando-se entre jogar o dado e mostrar o número com os dedos. O membro da dupla que não está mostrando o número registra os pontos do dado e a forma como eles foram mostrados nas mãos. Deixe essas folhas de registro afixadas para que os alunos vejam a diversidade de maneiras que eles encontraram para representar os números com seus dedos.	• Dado. • Folhas de atividade Mostre-me com Seus Dedos. • Cores, por dupla.

Para o professor

Os alunos desenvolvem discriminação com os dedos na atividade Visualize, e, aqui, conectaremos os dedos com os números, usando os pontos em um dado e os nomes dos números. Para esta atividade, você vai jogar um dado para que os estudantes possam vê-lo. Isso pode ser feito com um dado em uma câmera de documentos. Você também pode fazer um grande dado com um cubo de espuma e desenhar pontos nele. Já vimos alguns dados muito grandes disponíveis, alguns dos quais são infláveis. Um dado grande ou um projetor tornará mais fácil para que todos possam ver.

Estruturamos esta atividade para que ela seja jogada primeiramente com toda a turma para estabelecer a rotina e mostrar aos alunos que você valoriza múltiplas maneiras criativas de mostrarem os números em seus dedos. Depois, joguem como uma atividade em pequenos grupos, em que você é o facilitador. Finalmente, transformamos o jogo em uma atividade em duplas que incorpora o registro de diferentes maneiras de mostrar os números com os dedos.

ATIVIDADE

Abertura

Inicie a atividade com o jogo Mostre-me com Seus Dedos com toda a turma. Role o dado para que todos possam ver o resultado claramente. Peça que os alunos mostrem em suas mãos o número de dedos que é o mesmo número de pontos que eles veem. Dê algum tempo para que suas mãos estejam prontas sobre o colo e, então, peça que ergam as mãos.

Note a diversidade de respostas e as formas como os alunos estão mostrando o número com seus dedos. Por exemplo, se você jogar um 6, poderá vê-los levantando quatro, cinco ou seis dedos. Provavelmente, você também verá formas diferentes de mostrar seis dedos, como cinco e um ou três e três.

Convide os estudantes a explicar por que seus dedos correspondem ao número de pontos no dado. Eles podem querer se aproximar do dado para mostrar como isso acontece. Cheguem a um acordo com toda a turma sobre quantos dedos correspondem aos pontos no dado e nomeiem esse número.

Aponte as diferentes maneiras como os alunos mostram o mesmo número em suas mãos. Pergunte: podemos mostrar de outra maneira o número de pontos em seus dedos? Chame a atenção para as diferentes, mas equivalentes, apresentações do número com os dedos.

Brinque e discuta

Jogue este jogo como uma atividade em pequenos grupos, com você sendo o facilitador. Depois que você jogar o dado, cada um dos estudantes mostra o número de pontos com suas mãos. Peça que cada um explique: como vocês sabem que seus dedos correspondem aos pontos? Se eles precisarem revisar suas mãos enquanto explicam, essa é uma ótima oportunidade para usar os erros como uma forma de aprendizagem. Você pode perguntar: você quer revisar sua resposta (ou suas mãos)?

Durante a discussão de cada rodada, chame a atenção para as diferentes maneiras como eles mostraram o mesmo número. Desafie-os a encontrar formas novas e criativas de mostrar o número que está no dado. Os alunos podem decompor um número

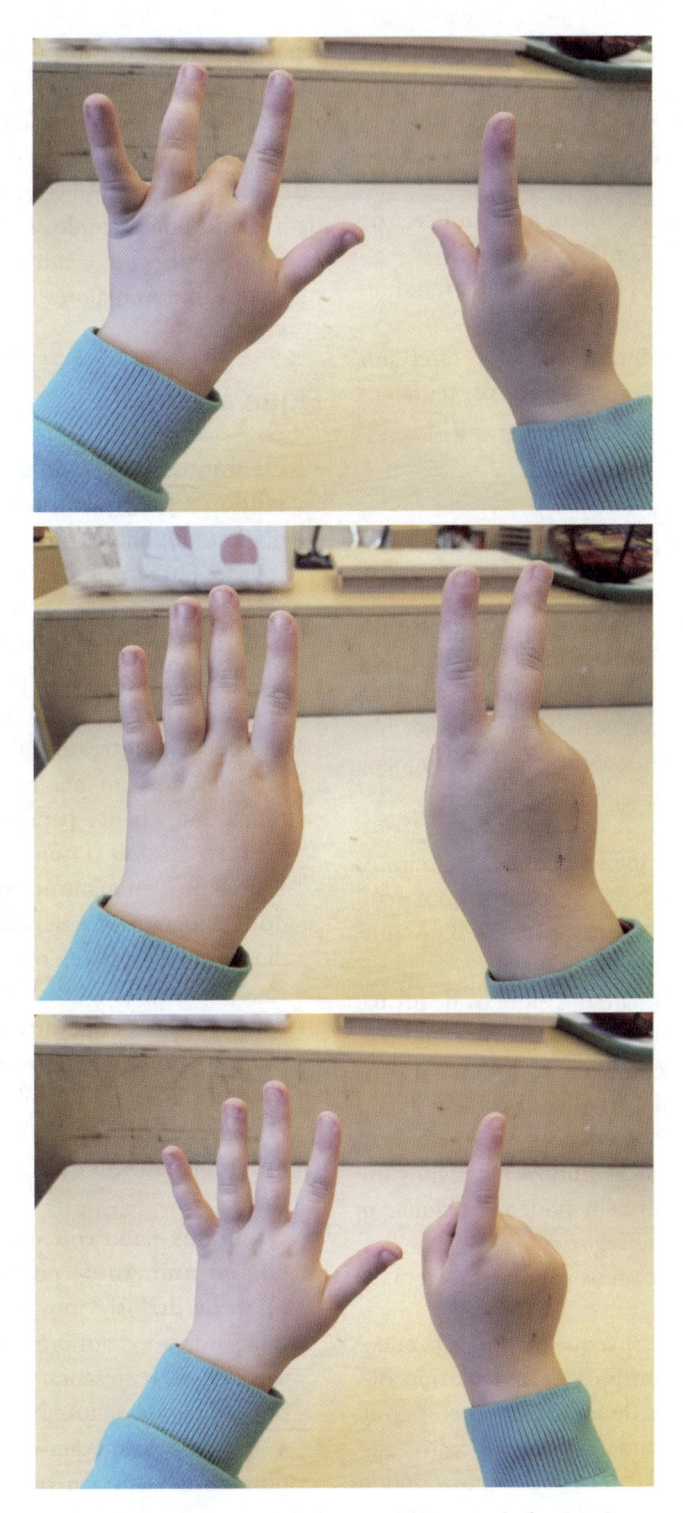

Uma criança mostra três formas diferentes de fazer o 6.

entre as duas mãos ou simplesmente usar diferentes dedos na mesma mão.

Encerre o pequeno grupo discutindo as perguntas a seguir:

- Quais números foram mais difíceis de mostrar com as mãos? Por quê?
- Quais números foram mais interessantes de fazer? Por quê?
- Que formas interessantes de fazer um número você viu os outros tentarem hoje?

Amplie

Este jogo pode ser transformado em um jogo em dupla que incorpora o registro do número de múltiplas maneiras. Forneça um dado para as duplas, folhas de atividade Mostre-me com Seus Dedos e cores. As duplas jogam com esta nova versão do jogo, usando a rotina a seguir:

- O parceiro A joga o dado. O parceiro A mostra o número de pontos com seus dedos e explica para o parceiro B por que eles correspondem.
- O parceiro B, então, colore os dedos na folha de atividade Mostre-me com Seus Dedos para combinar com o que o parceiro A está mostrando. O parceiro B colore o quadro do dado na margem para combinar com os pontos mostrados no dado. Eles também podem adicionar o numeral ao seu registro.
- As duplas trocam os papéis e repetem.

Colete os registros que os alunos fizeram enquanto jogavam e os exponha como diferentes maneiras de fazer os números com os dedos. Você pode expor essas folhas inteiras ou separá-las e depois agrupar todos os 1s, 2s, 3s, 4s, 5s e 6s em apresentações separadas. Se você exibir o trabalho dos estudantes dessa maneira, poderá coordenar uma discussão sobre o que eles notam sobre as formas que encontraram de mostrar cada um dos diferentes números. Os alunos podem notar, por exemplo, que havia menos maneiras de mostrar o número 1 do que de mostrar números maiores.

Fique atento

- **Os alunos estão reconhecendo ou contando os pontos no dado?** A estrutura do dado é poderosa para aprender subitização ou reconhecer pequenas quantidades sem contar. A estrutura consistente do dado, que utiliza a diagonal, o quadrado e perímetros, pode ajudá-los a aprender a reconhecer números, como 5 e 6, que, em outros arranjos, precisariam ser contados um por um. Possibilite a todos uma chance para pensar e desencoraje-os a dizer o número em voz alta. Entretanto, enquanto os observa jogando este jogo, preste atenção a quais estudantes já reconhecem o número de pontos em uma face do dado e quem precisa contar. Aqueles que precisam contar os pontos simplesmente precisam de mais oportunidades de trabalhar com dados, neste ou em outros jogos, para construir o reconhecimento que os ajudará no futuro.
- **Os alunos estão conectando com precisão o número de pontos com o número de dedos?** Com os números menores no dado, eles provavelmente serão capazes de representar prontamente os pontos como dedos. No entanto, com 4, 5 ou 6, eles podem contar errado os pontos no dado ou os dedos em suas mãos. Se você notar que esse é um desa-

fio recorrente, introduza um momento na rotina do jogo para que eles confiram. Você pode dizer: "Olhem para os pontos no dado. Pensem sobre quantos vocês veem. Agora, olhem para suas mãos. Vocês veem o mesmo número? Vocês podem revisar se notarem que eles não combinam".

- **Os alunos estão representando os números em suas mãos de maneiras diferentes da que tipicamente veem?** As culturas têm maneiras canônicas de representar cada número com os dedos e diferem em como fazem isso. Você certamente verá estudantes usando as formas típicas de representar cada número em seus dedos. Sem desencorajar essas formas, encoraje a diversidade. Ver as múltiplas formas de representar os números desenvolve flexibilidade e ideias de equivalência. Por exemplo, quando os alunos veem o número 4 representado como quatro dedos em uma mão, como dois dedos em cada mão e como três dedos em uma mão e um dedo na outra, eles estão construindo os fundamentos para entender por que $4 = 2 + 2 = 3 + 1$.

Reflita

Quais são as formas mais interessantes que vocês encontraram ou viram para fazer um número com seus dedos?

MOSTRE-ME COM SEUS DEDOS

Mentalidades matemáticas na educação infantil, de Jo Boaler, Jen Munson e Cathy Williams.
Copyright 2024 – Penso Editora Ltda. *Fonte:* Shutterstock.com/logistock.

ESPELHOS COM AS MÃOS

Visão geral

As duplas espelham os números mostrados em suas mãos, e os alunos exploram formas de descobrir quantos dedos estão levantados e abaixados.

Conexão com o CCSS
K.CC.4, K.CC.5, K.OA.4, K.OA.1, K.CC.6

Planejamento

Atividade	Tempo	Descrição/Estímulo	Materiais
Abertura	10 min	Demonstre como jogar Espelhos com as Mãos para que os alunos entendam o papel que cada um dos parceiros desempenha. Diga que, enquanto jogam, eles devem se concentrar em descobrir como espelhar as mãos de seus colegas e quantos dedos estão levantados e abaixados.	
Explore	15+ min	As duplas jogam Espelhos com as Mãos com um dos parceiros mostrando um número em suas mãos e o outro refletindo essa exibição. Depois, eles discutem quantos dedos estão levantados, quantos dedos estão abaixados e como eles sabem.	
Discuta	10 min	Discuta as estratégias dos alunos para refletir as mãos de seu colega e para descobrir quando dedos estão levantados e abaixados. Chame a atenção para ideias que focam o número total de dedos em uma das mãos ou em ambas.	• Quadro e marcadores.
Amplie	30+ min	As duplas jogam Espelhos com as Mãos e registram suas mãos e o número de dedos levantados e abaixados em cada rodada. Discuta como você pode organizar as soluções em alguns grupos, perguntando: em que aspectos alguns deles são semelhantes? Em que aspectos são diferentes? Forme alguns grupos e exiba as soluções que são adequadas para eles. Discuta quais grupos têm mais soluções e quais têm menos.	• Folhas de atividade Espelhos com as Mãos cortadas em tiras para registro individual, muitas para cada dupla. • Cores. • Espaço para exibir as soluções.

Para o professor

Esta atividade de investigação inicia como um jogo que os alunos podem jogar em duplas. No jogo, eles usam suas mãos para mostrar números, os quais seus parceiros tentam espelhar, o que significa que devem observar atentamente quantos dedos seus parceiros estão mostrando e quantos estão dobrados para baixo. Eles, então, discutem quantos dedos estão levantados e quantos dedos estão abaixados, o que podem concluir por meio de contagem ou decompondo o número total de dedos. Os alunos podem prestar atenção a cada mão individualmente como cinco dedos, alguns dos quais estão levantados e alguns dos quais estão abaixados, ou a suas mãos juntas como 10 dedos, fazendo o mesmo trabalho de decomposição. Isso lança as bases para a decomposição de números em geral, e de 10, especificamente, ao que retornaremos na Grande Ideia 4.

Ampliamos o jogo até uma investigação mais ampla por meio da extensão. Depois que os estudantes estiverem confortáveis com a rotina do jogo, você pode acrescentar no registro, usando a folha de atividade Espelhos com as Mãos, as várias maneiras como eles estão mostrando os números. Esses registros podem ser organizados como uma aula para procurar espelhos de mão similares. Esse processo de organização pode focar semelhanças numéricas, como as diferentes maneiras de mostrar sete dedos levantados e três dedos abaixados, ou propriedades das soluções, como as soluções em que os dedos abaixados estão em apenas uma das mãos.

ATIVIDADE

Abertura

Inicie a atividade dizendo aos alunos que eles jogarão um jogo de contagem com suas mãos. Usando uma discussão com o método aquário (*fishbowl discussion*),* demonstre como jogar Espelhos com as Mãos, com você como o parceiro A e um estudante como o parceiro B. Foque a atenção dos alunos no processo para que eles saibam que papel cada um representa.

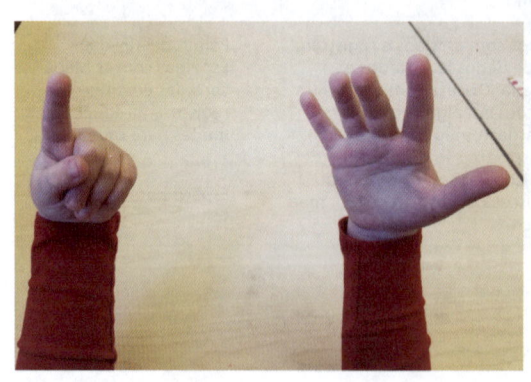

O parceiro A mostra 6.

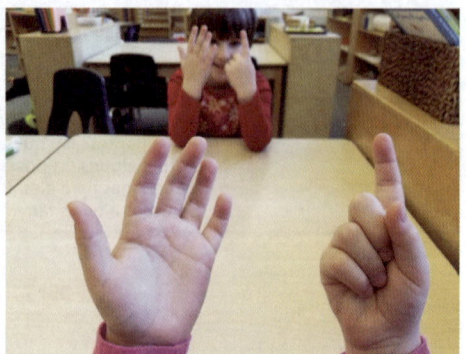

O parceiro B reflete 6.

---

* N. de R. T.: Método no qual o professor modela com um aluno a atividade e os demais assistem para entender as regras do jogo. Eles podem fazer perguntas sobre o que observaram para compreender melhor a atividade.

Diga aos alunos que, enquanto jogam, você quer que eles se concentrem em descobrir como fazer suas mãos se parecerem com as de seu parceiro e perceber como eles sabem quantos dedos estão levantados e quantos dedos estão abaixados.

Explore

As duplas exploram a seguinte rotina de Espelhos com as Mãos:

- O parceiro A levanta suas mãos com alguns dedos dobrados para baixo, virados para ele, e não para seu colega.
- O parceiro A pergunta ao parceiro B: você consegue fazer suas mãos se parecerem com as minhas? O parceiro A dá um tempo para o parceiro B tentar refletir as mãos dele.
- A dupla trabalha em conjunto para conferir se suas mãos combinam.
- A dupla discute as seguintes perguntas:
  - Quantos dedos estão levantados?
  - Quantos dedos estão abaixados?
  - Como sabemos?
- A dupla troca os papéis.

Enquanto você circula observando os alunos, insista para que falem sobre como eles sabem quantos dedos estão levantados e quanto dedos estão abaixados.

Discuta

Reúna os estudantes para discutir as perguntas a seguir:

- O que foi difícil sobre jogar Espelhos com as Mãos?
- Que estratégias vocês desenvolveram para combinar suas mãos com as de seu parceiro?

- Como vocês sabiam quantos dedos estavam levantados?
- Como vocês sabiam quantos dedos estavam abaixados?
- O que vocês notaram sobre suas mãos que os ajudou?

Enquanto os alunos discutem as estratégias, registre seu raciocínio em um quadro para que os outros possam ver como eles combinaram as mãos ou contaram os dedos. Chame a atenção para as estratégias para descobrir quantos dedos estão levantados e abaixados que usam o número total de dedos em uma ou ambas as mãos, pois essas estratégias utilizam a decomposição de 5 ou 10.

Amplie

As duplas jogam Espelhos com as Mãos e, para cada rodada, trabalham em conjunto para registrar a forma como os dedos foram mostrados usando seções da folha de atividade Espelhos com as Mãos, construindo conexões com a decomposição de 10. Eles podem marcar os dedos levantados e os dedos abaixados usando cores diferentes ou riscando os dedos abaixados.

Os estudantes podem, então, rotular o número de dedos levantados e dedos abaixados na margem. Depois que geraram inúmeros desses registros, reúna-os no grande grupo ou em pequenos grupos para discutir as perguntas a seguir:

- Em que aspectos alguns deles se parecem?
- O que os torna diferentes?
- Que grupos podemos formar?

Desenvolva alguns grupos e crie um espaço identificado para exibir as soluções que podem ser agrupadas. Esses grupos podem estar baseados em números (p. ex., quantos dedos estão levantados e abaixados) ou propriedades (p. ex., ter uma mão inteira com os dedos aparecendo ou soluções em que os dois polegares estão abaixados), e qualquer uma delas é apropriada. A classificação é uma ideia à qual retornaremos na Grande Ideia 6, e essa atividade pode proporcionar algum discernimento de como os alunos já veem características compartilhadas. Depois que organizar as soluções, você pode discutir quais grupos apresentam muitos exemplos e quais grupos têm poucos.

Fique atento

- **Os estudantes estão refletindo as mãos?** O simples ato de refletir as mãos de outra pessoa já é desafiador para as crianças na educação infantil. Provavelmente, elas precisarão de algum tempo para olhar as mãos de seus colegas, tentar mostrar em suas próprias mãos, conferir e ajustar. Certifique-se de que as duplas sejam pacientes com esse processo e estejam tomando um tempo para checar se suas mãos combinam. Como eles verificam? Eles podem simplesmente colocar suas mãos contra as do outro para ver se os dedos levantados e abaixados se alinham ou podem descrever alguma coisa sobre suas mãos como evidência de que elas não combinam, tal como: "Não, seu polegar deveria estar levantado". Se os alunos discordarem, pergunte: como você poderia explicar ao seu colega o que ele precisa fazer para que as mãos dele se pareçam com as suas?
- **Como os alunos estão contando os dedos levantados e abaixados?** Contar os próprios dedos quando eles estão ocu-

pados pode ser particularmente desafiador. Neste jogo, os estudantes precisam manter alguns dedos levantados e outros dedos abaixados, e ambas as mãos estão envolvidas, deixando menos opções de como contar. Eles podem usar um dedo levantado de uma das mãos para contar os dedos na mão oposta, embora esse trabalho seja complicado. Podem começar a usar subitização para simplesmente ver um, dois ou três dedos levantados ou abaixados em cada mão. Também podem acompanhar sua contagem visualmente, olhando para cada dedo por vez enquanto contam. Observe-os enquanto contam e faça perguntas sobre como eles contaram naquela situação em que era difícil usar os dedos.

- **Os alunos decompõem 5 ou 10?** Você pode ver alguns estudantes usando a estrutura de 5 a 10 de suas mãos para descobrir quantos dedos estão levantados e abaixados. Ou, então, alguns podem contar seus dedos de alguma maneira, mas usar 5 ou 10 para verificar se sua contagem faz sentido. Faça perguntas sobre como eles sabem quantos dedos estão levantados ou abaixados e observe exemplos em que eles usam linguagem como "Bem, eu sei que há cinco dedos na minha mão...". Pergunte: como isso ajuda? Certifique-se de convidar esses alunos para compartilhar durante a discussão para que os outros possam usar 5 ou 10 como uma ferramenta neste jogo no futuro.

Reflita

Como vocês poderiam descobrir quantos dedos estão abaixados quando olham para as mãos de seu colega?

ESPELHOS COM AS MÃOS

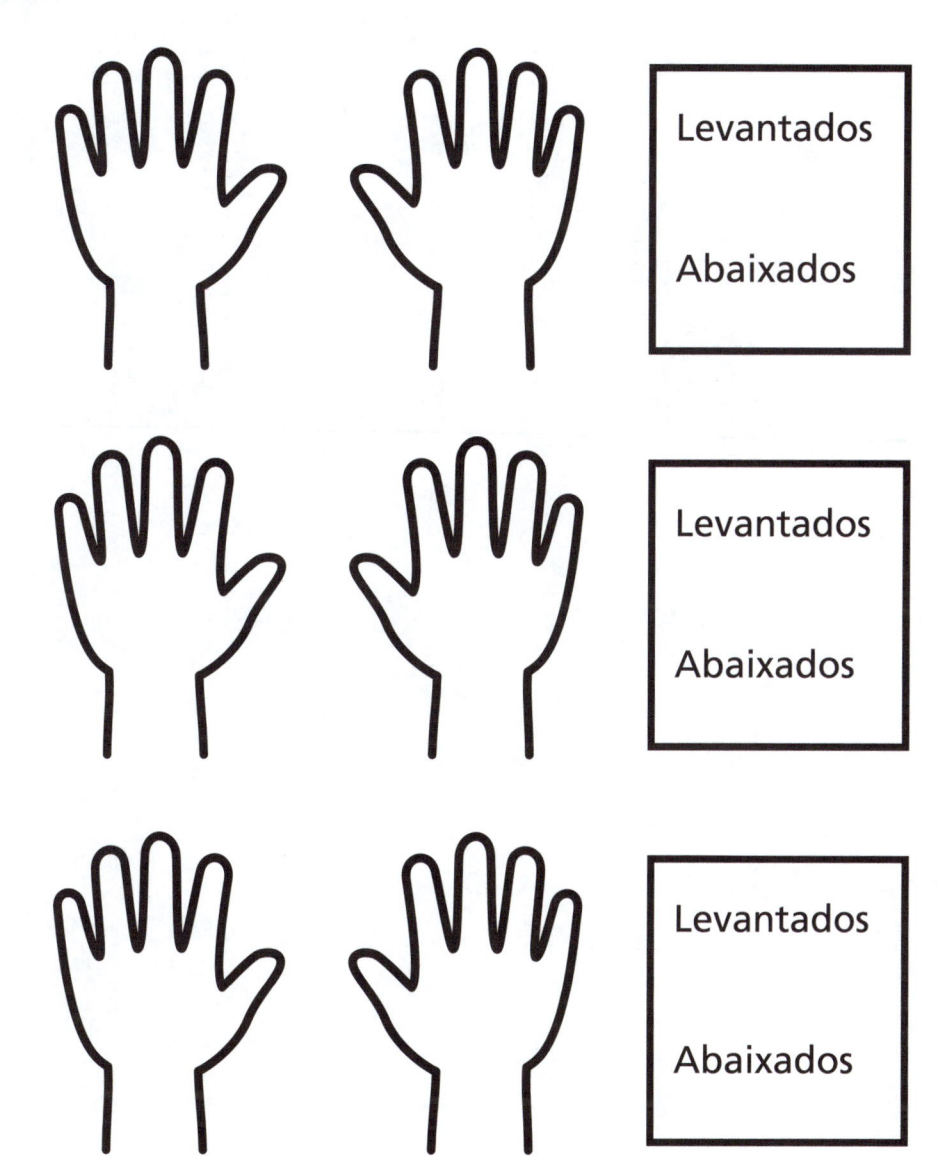

Levantados

Abaixados

Levantados

Abaixados

Levantados

Abaixados

Mentalidades matemáticas na educação infantil, de Jo Boaler, Jen Munson e Cathy Williams.
Copyright 2024 – Penso Editora Ltda. *Fonte*: Shutterstock.com/adaptado de logistock.

CONVERSANDO SOBRE FORMAS E CONSTRUINDO FORMAS

Neste conjunto de atividades, convidamos os estudantes a serem lúdicos com as formas. As crianças são naturalmente curiosas sobre as formas no mundo e só se tornam menos curiosas quando o ensino das formas nas escolas é reduzido a listas de atributos, definições e nomes. Há uma famosa atividade de construção de formas que eu gostava de apresentar aos alunos chamada Desafio do *marshmallow*. Nessa atividade, os times de alunos recebem 1 *marshmallow*, 1 metro de cordão e 1 metro de fita crepe e devem construir a estrutura mais alta possível sem apoio, em um curto período, com o *marshmallow* colocado no topo. Há um TED Talk sobre essa atividade, apresentando o autor Tom Wujec (2010). Ele explica que quando a tarefa foi dada para três grupos – advogados, estudantes de pós-graduação em administração de empresas e alunos da educação infantil –, as pessoas com mais sucesso, que construíram as melhores e mais altas estruturas, foram as crianças. A razão para que tenham tido mais sucesso é que elas experimentaram livremente, ao passo que os outros grupos planejaram cuidadosamente, sem experimentar e fazer tentativas. Adoro esse resultado, pois ele mostra o pensamento livre e criativo dos alunos mais novos. Neste conjunto de três atividades, alimentamos esse livre pensamento enquanto os estudantes trabalham com formas e refletem sobre as qualidades delas.

Em nossa atividade **Visualize**, convidamos os alunos a falar sobre formas e a reunir as características que descrevem nelas. Eles podem descrever a forma como um todo e sua essência em geral ou focar nos seus componentes, mencionando como elas são construídas.

Em nossa atividade **Brinque**, introduzimos um pouco de mistério, dando aos alunos algumas informações sobre uma forma que você fez e pedindo que eles pensem em como ela seria. Essa atividade é o inverso da atividade Visualize, em que foi pedido que os estudantes descrevessem as formas. Nessa atividade, damos algumas informações e pedimos que os alunos imaginem que forma poderia ser.

Em nossa atividade **Investigue**, os alunos recebem oportunidades importantes de tocar e sentir as formas, o que estimulará diferentes caminhos cerebrais. Nessa atividade, os estudantes trabalham com blocos padrão e sua imaginação, construindo qualquer forma que desejarem.

Sugerimos que você lhes mostre uma tartaruga feita de blocos para que eles vejam a ideia de fazer animais ou qualquer outra coisa que desejarem. Faça um quadro de todas as diferentes ideias que os alunos apresentarem.

Jo Boaler

CONVERSANDO SOBRE FORMAS

Visão geral

Os alunos trabalham juntos para desenvolver descrições gradualmente mais precisas de figuras bidimensionais e tridimensionais.

Conexão com o CCSS
K.G.4, K.G.2

Planejamento

Atividade	Tempo	Descrição/Estímulo	Materiais
Abertura e explore	15 min	Olhando para uma figura da Conversa sobre Formas, convide os alunos a descrever o que eles notam sobre a forma. Anote as descrições dos estudantes e ajude-os a encontrar palavras para descrever o que observam. Nomeie a forma e a identifique. Discuta por que o nome faz sentido ou como ela se assemelha a outras formas com o mesmo nome.	• Folha de atividade Conversa sobre Formas, para colar em um quadro. • Marcadores.
Discuta	5 min	Discuta as palavras que a turma usou para descrever a forma. Sublinhe ou registre em um quadro algumas palavras úteis para descrever formas, como *lados* ou *cantos*.	• Quadro e marcadores.
Amplie	15 min	Usando a mesma rotina, convide os alunos a explorar e descrever uma figura tridimensional. Registre as descrições em um quadro. Discuta as palavras que a turma pode usar para descrever figuras tridimensionais que são semelhantes e diferentes das que eles usaram com as formas bidimensionais.	• Figuras tridimensionais, para exibir. • Quadro e marcadores.

Para o professor

Esta atividade é baseada no trabalho que Ambrose e Falkner (2002) e Ambrose e Kenehan (2009) realizam há muitos anos, explorando como apoiar os alunos a passarem de descrições holísticas de figuras geométricas, que focam a descrição da aparência visual global (Van Hiele Nível 1), para descrições analíticas, que focam os componentes das formas (Van Hiele Nível 2).* A pesquisa de Ambrose focou es-

---

* N. de R. T.: O casal Van Hiele começou a publicar suas descobertas acerca do ensino e da aprendizagem da geometria no final da década de 1950. Para orientar a aprendizagem e a avaliação da aprendizagem, eles elaboraram o modelo Van Hiele, no qual definem cinco níveis de pensamento no processo de aprendizagem da geometria: Nível 0 – visualização; Nível 1 – análise; Nível 2 – dedução informal ou abstração (é possível encontrar as duas nomenclaturas na literatura especializada); Nível 3 – dedução; e Nível 4 – rigor.

tudantes do 3º ano que trabalhavam com figuras tridimensionais poliédricas compostas de polígonos. Ambrose e Kenehan (2009) constataram que, dando aos alunos repetidas oportunidades durante o ano letivo para descreverem e construírem essas figuras, eles progressivamente focavam os componentes das figuras (p. ex., "Ela é composta por um cubo e uma pirâmide") em vez do todo (p. ex., "É um cilindro"). A partir dessa pesquisa, planejamos esta atividade, que é uma rotina de geometria, visando possibilitar oportunidades para as crianças da educação infantil descreverem figuras bidimensionais, com o objetivo em longo prazo de gradativamente focarem seus componentes.

Esta é uma atividade que você pode fazer repetidamente, seja em pequenos grupos, seja no grande grupo, dependendo da energia de seus alunos para a discussão. Vemos essa rotina como semelhante às conversas de pontos que podem ser repetidas regularmente como parte do tempo de matemática por um longo período, ajudando os estudantes a desenvolver a linguagem para as formas e a aprender a que características prestar atenção. Por fim, essas conversas podem levar os alunos a entender quais atributos definem formas particulares. Considerando-se que os objetivos são para o ano todo, não é essencial que em apenas uma conversa sobre formas os alunos vejam todos os componentes da figura ou usem a linguagem formal. Encorajamos você a apoiá-los no uso do vocabulário para o qual estão prontos e a acrescentar novas palavras em paralelo a isso. Fornecemos algumas formas para dar início a essa rotina, mas você pode fazer a sua para continuar o trabalho durante a unidade ou o ano.

ATIVIDADE

Abertura e explore

Inicie a atividade mostrando aos alunos o triângulo na folha de atividade Conversa sobre Formas que você imprimiu e colou em um quadro. Diga que eles trabalharão juntos para descrever a forma, de uma maneira que pudessem contar a alguém que não pudesse ver como ela é. Pergunte: o que vocês notam sobre essa forma? Como vocês poderiam descrevê-la? Dê aos estudantes a chance de conversar com um colega. Convide-os a compartilhar as ideias.

Facilite a discussão sobre a forma registrando as ideias no quadro. Use flechas para indicar as características que os alunos estão descrevendo, como: "Ela tem cantos". Convide os colegas a fazer acréscimos à descrição. Ofereça vocabulário para os atributos quando eles tiverem dificuldade para encontrar palavras para descrever características particulares. Alguém pode se aproximar da forma para apontar o que quer descrever, e a turma pode dar ideias para as palavras que poderiam ser usadas. Você pode perguntar: como poderíamos descrever o que o colega acabou de apontar?

Os alunos também podem mencionar as características holísticas, como "É grande" ou "É pontudo", o que representa um ponto de partida para prestar atenção às figuras geométricas. Eles podem observar os componentes, por exemplo, que a forma tem três lados ou três cantos, que dois lados são iguais, que um lado é mais curto, etc. Reconheça o uso que os estudantes fazem de gestos para descrever a forma. Eles podem não ter palavras para descrever características como os ângulos (ou, mais tarde, linhas paralelas), e os gestos são recursos importantes.

Depois que a turma tiver esgotado suas observações, diga que a forma tem um nome, *triângulo*, caso ainda não tenha sido nomeada. Registre a palavra no alto de seu quadro descritivo. Você pode dizer que *tri* significa três, como em triciclo, que tem três rodas. Pergunte: por que essa forma poderia ser chamada de "triângulo"? Os alunos podem mencionar que a forma tem três lados ou três cantos.

Repita com diferentes formas da folha de atividade Conversa sobre Formas em outros dias. Quando os estudantes já tiverem experiência com múltiplos exemplos da mesma forma (como triângulos diferentes ou retângulos diferentes), coloque os exemplos lado a lado e pergunte: o que faz com que essas duas formas sejam triângulos (ou retângulos)? Discuta o que as formas têm em comum que poderia torná-las parte do mesmo grupo de formas.

Discuta

Discuta as perguntas a seguir:

- Que palavras nós usamos para descrever as formas hoje?
- A que tipos de coisas nós prestamos atenção?

Sublinhe as palavras-chave que ajudam a descrever as formas (como *lados, cantos, comprimento*). Você pode dar início a um quadro chamado *Palavras que usamos para descrever formas*, que pode servir como um recurso no futuro, para quando você fizer esta atividade.

Amplie

A mesma estrutura da atividade pode ser usada para explorar figuras tridimensionais, como cilindros, cubos ou prismas retangulares. Você precisará de objetos para exibir, não de desenhos de figuras tridimensionais que sejam muito desafiadores para interpretar visualmente. Você pode usar blocos de madeira, um conjunto de figuras geométricas, objetos do cotidiano ou mesmo construir suas próprias figuras com conjuntos de construção geométrica que têm peças que se encaixam. Certifique-se de dar aos alunos oportunidades de tocar e explorar o objeto por todos os lados. Se você tiver múltiplos exemplos da figura, poderá distribuí-los às duplas para explorarem. Convide os estudantes a descrever esses objetos e registre seu vocabulário em um quadro.

Discuta que palavras eles usaram para descrever as formas planas (bidimensionais) que também podem usar para esses objetos e de que novas palavras podem precisar. Por exemplo, a palavra *lado* pode precisar de um novo significado ou pode precisar ser substituída ao falar sobre objetos tridimensionais, pois não está claro se *lado* significa a mesma coisa que *borda* ou *face*. Os alunos não precisam de linguagem formal, mas devem ser capazes de se comunicar entre si claramente. A turma precisará concordar quanto à maneira como querem usar determinados termos.

Fique atento

- **Os alunos estão prestando atenção aos componentes da forma, em vez de ao todo?** Procure descrições que foquem partes particulares da forma que está sendo discutida, como o número, a posição, o comprimento dos lados ou o número de cantos. Chame a atenção para essas contribuições, dizendo coisas como: "Vocês notaram que essa forma tem algumas partes". Com o tempo, o objetivo é que os estudantes prestem cada vez mais atenção às partes das formas, o que vai ajudá-los a ver como elas são compostas e, posteriormente, a compará-las.

- **Que palavras os alunos estão usando para se referir à mesma coisa?** Você poderá ouvir muitos termos sendo usados para indicar a mesma coisa. Certifique-se de capturar todas as diferentes maneiras como os estudantes descrevem a forma, mesmo que estejam simplesmente renomeando uma característica ou uma descrição que um colega já vez. Quando fizer isso, faça conexões entre descritores similares. Poderia ser assim: "Vocês veem como três cantos, assim como eles viram como três pontos". Você também pode registrar as descrições equivalentes no mesmo espaço físico em seu quadro para mostrar que há duas maneiras diferentes de descrever a mesma coisa. Desse modo, as crianças desenvolvem maior fluência com as muitas maneiras como descrevemos as formas, ao mesmo tempo entendendo que algumas palavras são sinônimos.

- **De que palavras os alunos precisam para ajudá-los a descrever uma característica?** Embora não seja importante que os estudantes usem a linguagem formal, como *vértice*, para descrever as formas, algumas vezes eles não terão palavras para descrever o que notam. Convide-os a usar gestos ou a se aproximar e apontar para a forma para comunicar o que notam. Então você pode perguntar: como vocês descreveriam o que o colega apontou? Ou você mesmo pode fornecer um nome para essa característica. Em ambos os casos, você está facilitando acréscimos ao vocabulário da turma a fim de fornecer maneiras de nomear e descrever características das figuras geométricas, ampliando os recursos na sala de aula.

Reflita

Quando vocês veem uma forma nova, no que prestam atenção? Por quê?

REFERÊNCIAS

AMBROSE, R.; FALKNER, K. Developing spatial understanding through building polyhedrons. *Teaching Children Mathematics*, v. 8, n. 8, p. 442–447, 2002.

AMBROSE, R.; KENEHAN, G. Children's evolving understanding of polyhedra in the classroom. *Mathematical Thinking and Learning*, v. 11, n. 3, p. 158–176, 2009.

WUJEC, T. Construa uma torre, construa uma equipe. *TED Talks*, 2010. 1 vídeo (6 min). Disponível em: https://www.ted.com/talks/tom_wujec_build_a_tower_build_a_team?autoplay=true&muted=true&language=pt-br. Acesso em: 16 nov. 2023.

CONVERSA SOBRE FORMAS

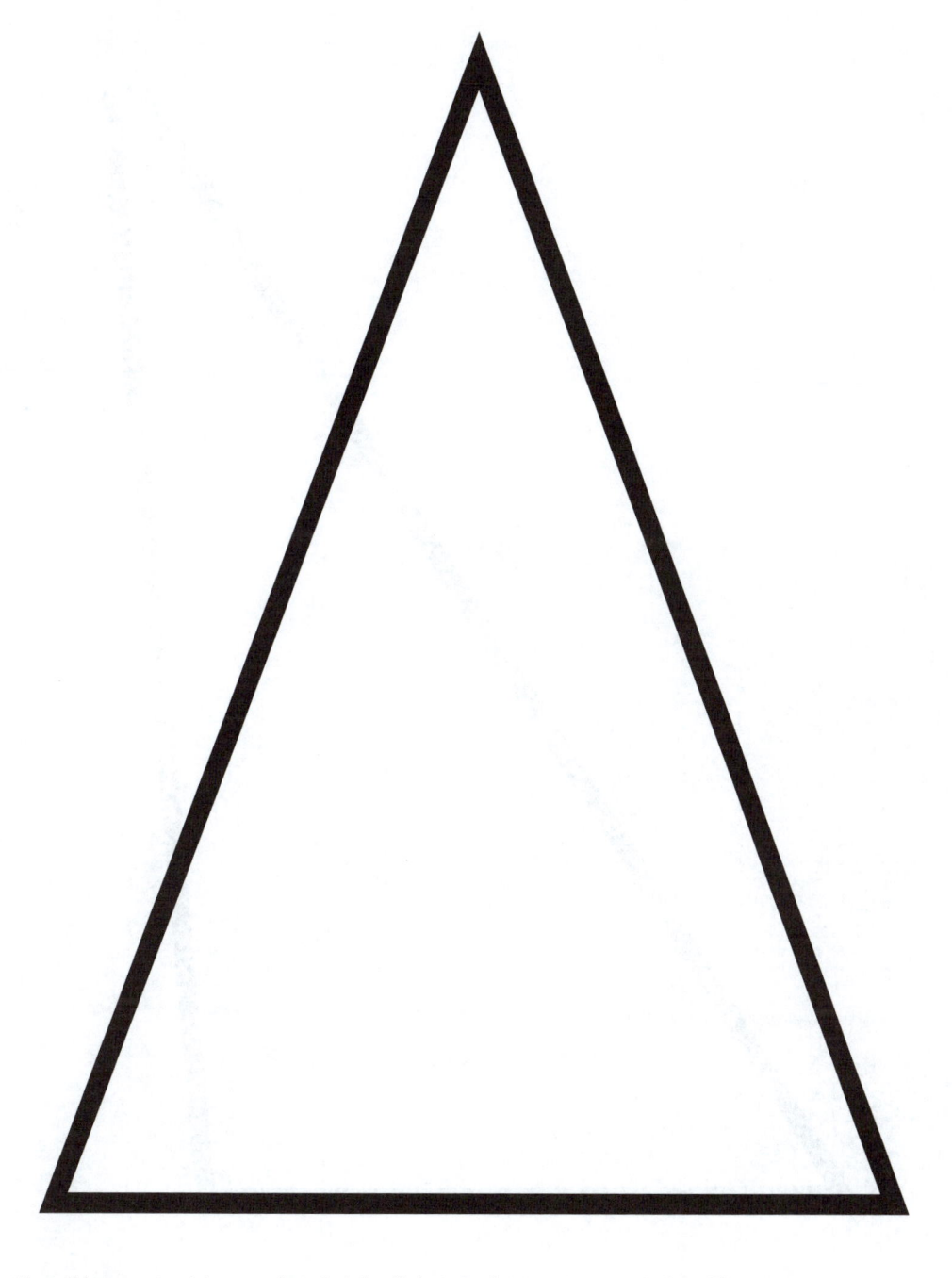

Mentalidades matemáticas na educação infantil, de Jo Boaler, Jen Munson e Cathy Williams.
Copyright 2024 – Penso Editora Ltda.

⬛ CONVERSA SOBRE FORMAS

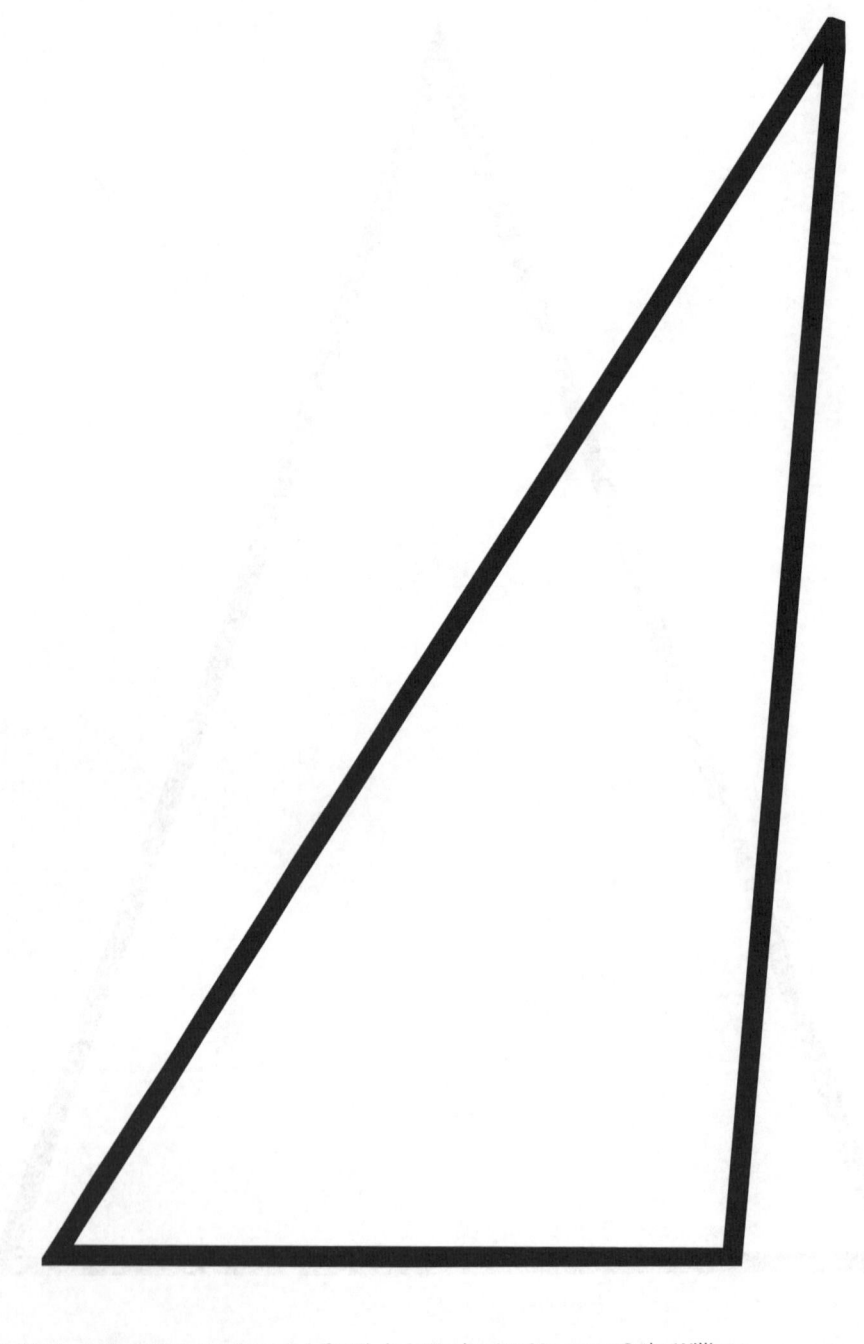

Mentalidades matemáticas na educação infantil, de Jo Boaler, Jen Munson e Cathy Williams.
Copyright 2024 – Penso Editora Ltda.

CONVERSA SOBRE FORMAS

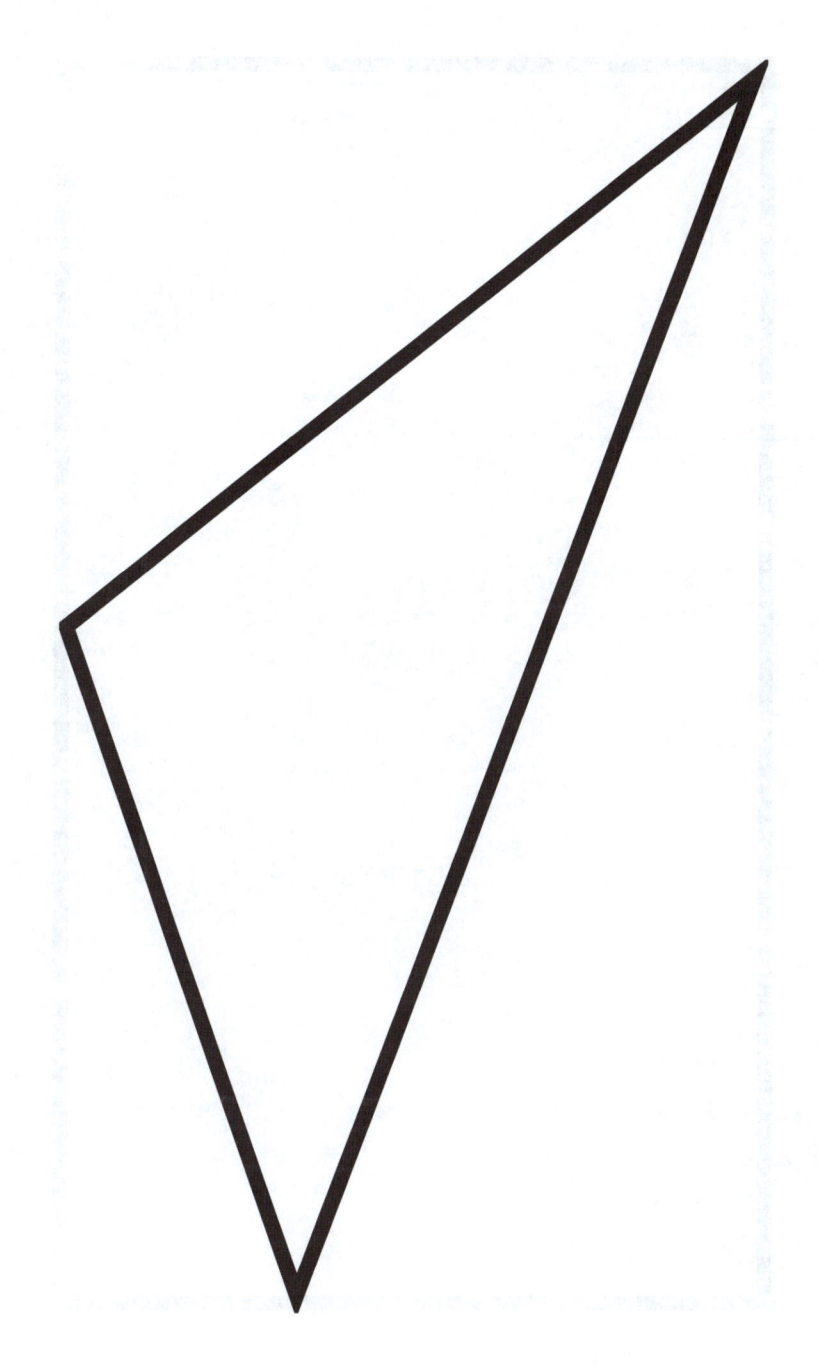

Mentalidades matemáticas na educação infantil, de Jo Boaler, Jen Munson e Cathy Williams.
Copyright 2024 – Penso Editora Ltda.

⬛ CONVERSA SOBRE FORMAS

Mentalidades matemáticas na educação infantil, de Jo Boaler, Jen Munson e Cathy Williams.
Copyright 2024 – Penso Editora Ltda.

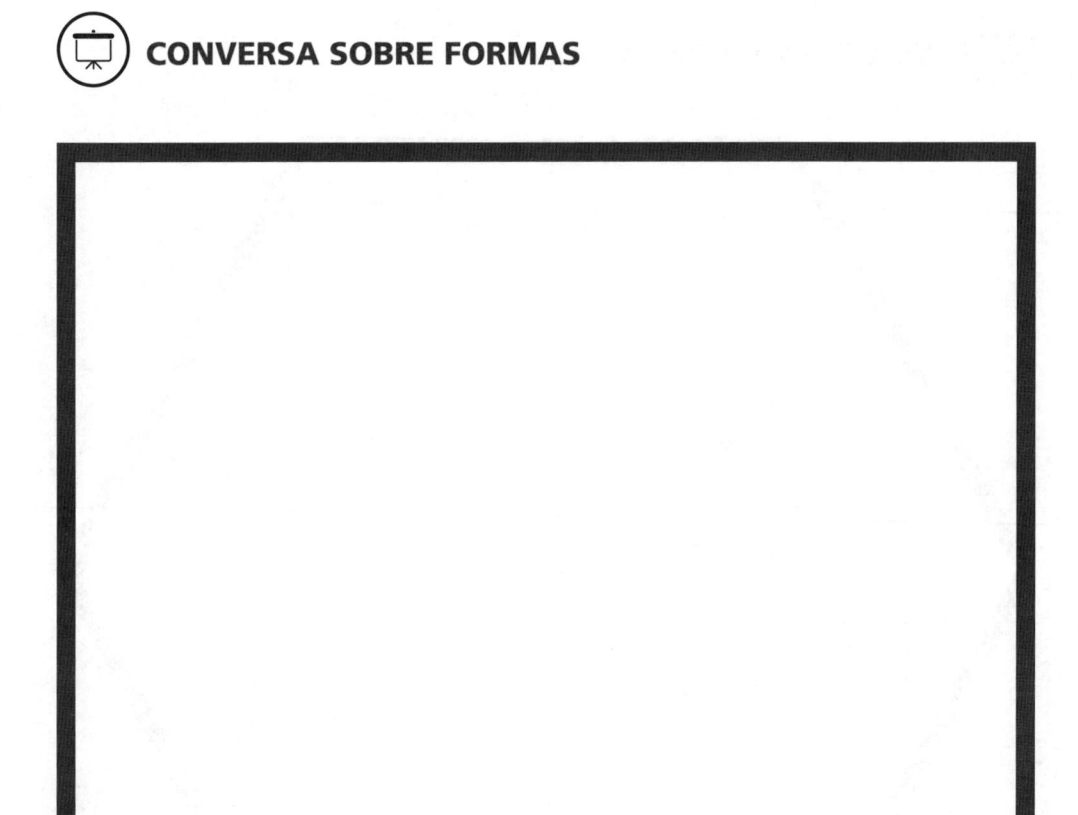

CONVERSA SOBRE FORMAS

Mentalidades matemáticas na educação infantil, de Jo Boaler, Jen Munson e Cathy Williams.
Copyright 2024 – Penso Editora Ltda.

CONVERSA SOBRE FORMAS

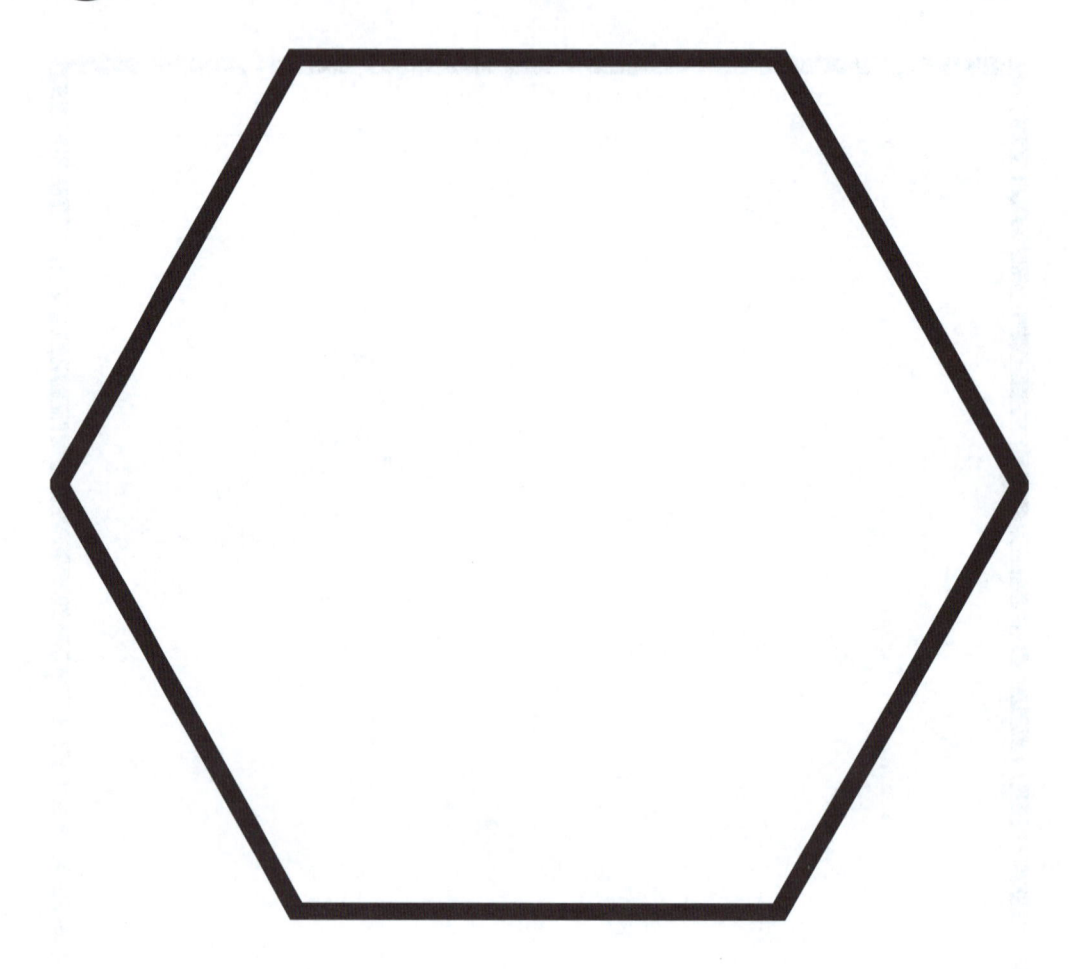

Mentalidades matemáticas na educação infantil, de Jo Boaler, Jen Munson e Cathy Williams.
Copyright 2024 – Penso Editora Ltda.

CONVERSA SOBRE FORMAS

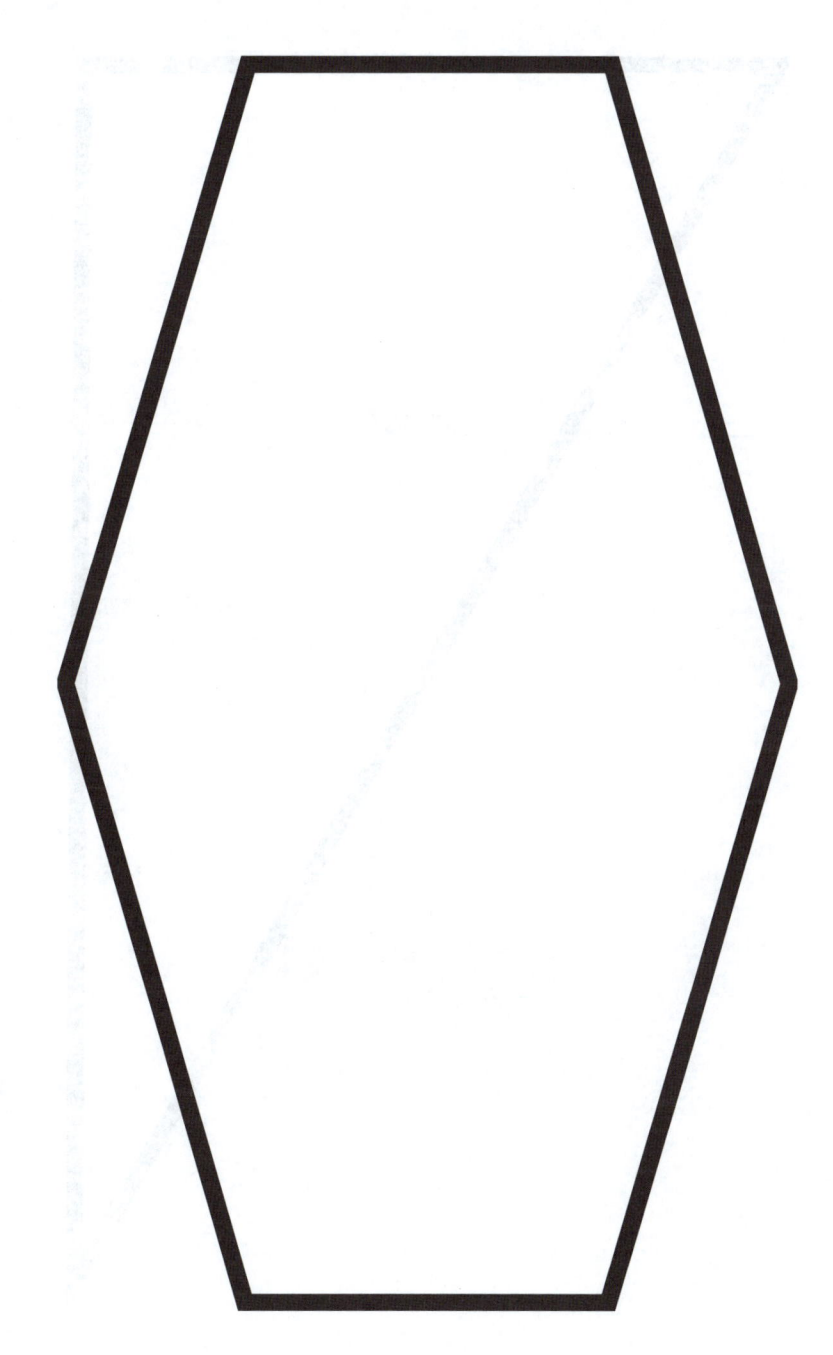

Mentalidades matemáticas na educação infantil, de Jo Boaler, Jen Munson e Cathy Williams.
Copyright 2024 – Penso Editora Ltda.

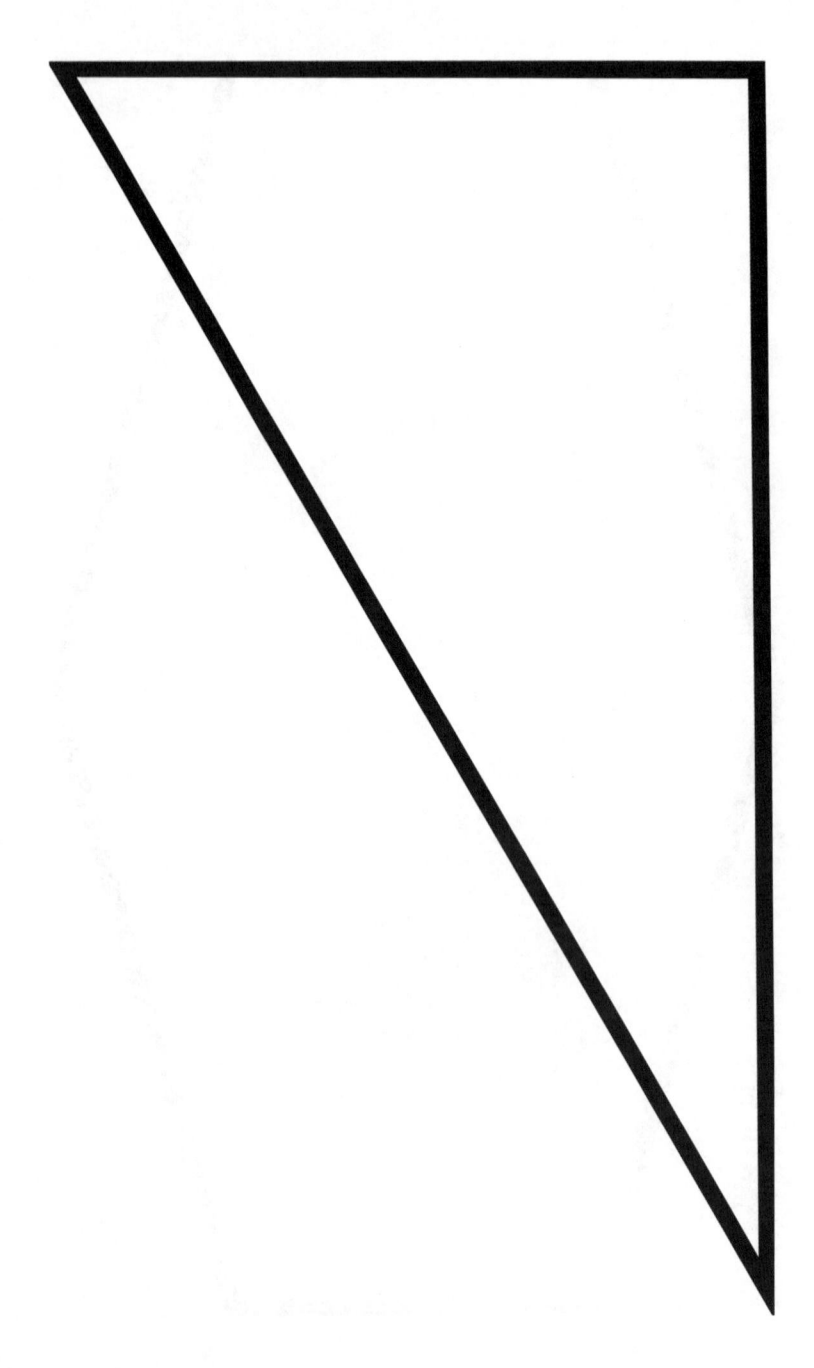

CONVERSA SOBRE FORMAS

Mentalidades matemáticas na educação infantil, de Jo Boaler, Jen Munson, Cathy Williams.
Copyright 2024 – Penso Editora Ltda.

CONVERSA SOBRE FORMAS

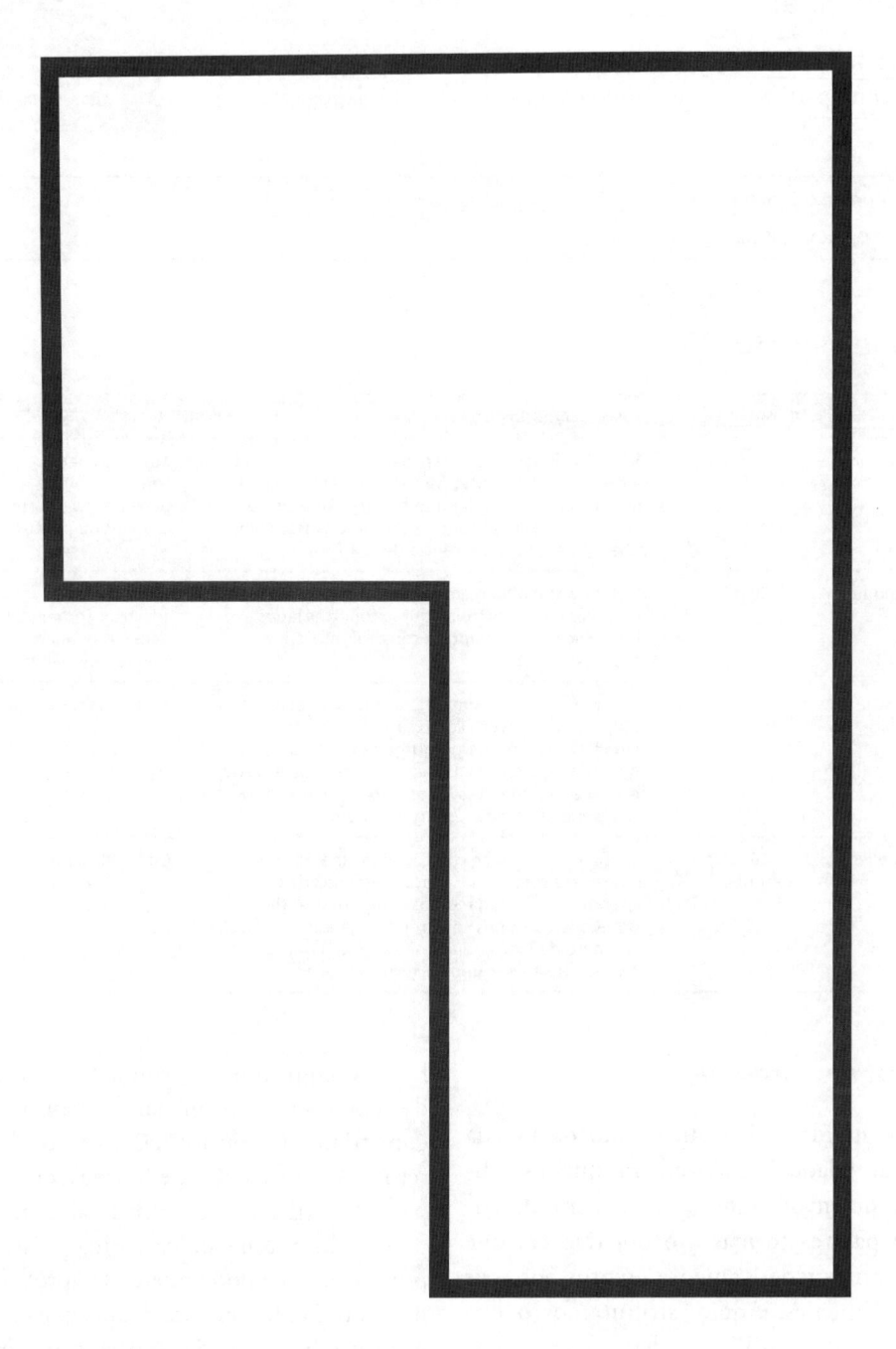

Mentalidades matemáticas na educação infantil, de Jo Boaler, Jen Munson e Cathy Williams.
Copyright 2024 – Penso Editora Ltda.

CONSTRUA UMA FORMA

Visão geral

Os alunos trabalham juntos para construir formas que tenham componentes particulares, iniciando com as que têm três lados retos.

Conexão com o CCSS
K.G.5, K.G.4, K.G.2

Planejamento

Atividade	Tempo	Descrição/Estímulo	Materiais
Abertura	5-10 min	Diga aos alunos: "Eu construí uma forma com três lados retos". Pergunte: como seria a aparência da minha forma? Explique que eles trabalharão com um colega e alguns materiais para construir como acham que seria a aparência de sua forma.	• Materiais para construir formas, como papel, régua, hastes flexíveis ou palitos.
Brinque	15-20 min	As duplas trabalham em conjunto para usar os materiais para construir figuras com três lados retos. Encoraje os alunos a construir múltiplas soluções.	• Materiais para construir formas, como papel, régua, hastes flexíveis ou palitos.
Discuta	10-15 min	As duplas escolhem uma de suas figuras para compartilhar. Discuta como sabem que a forma tem três lados retos e pergunte se a turma concorda ou discorda. Exiba as figuras que a classe concorda que têm três lados retos. Discuta como você poderia nomear esse grupo de formas.	• Espaço para exibição.
Amplie	20-40 min; contínuo	Repita esta atividade como uma rotina de toda a turma ou como uma estação ou um centro de aprendizagem, mudando os componentes da forma que os alunos constroem, seja aumentando o número de lados, seja descrevendo o número de cantos. Discuta o grupo de formas criadas.	• Materiais para construir formas, como papel, régua, hastes flexíveis ou palitos.

Para o professor

Esta atividade é o outro lado da moeda da atividade Visualize, em que os alunos desenvolveram a linguagem descritiva para as formas e o objetivo era que ficassem gradativamente atentos aos seus componentes. Aqui, estruturamos o trabalho com a utilização desses componentes e os desafiamos a construir múltiplas formas com um determinado conjunto de componentes, iniciando novamente com triângulos ou formas com três lados retos. A construção de formas que têm partes particulares é mais desafiadora do que analisar uma única forma existente, portanto, você pode querer se aprofundar nesta atividade somente depois que os alunos tiverem tido várias experiências com a atividade Visualize.

Um dos objetivos da atividade é proporcionar uma oportunidade para os alunos verem a diversidade das formas que se ajustam a um conjunto de parâmetros. Com frequência, os estudantes só são expostos a versões particulares de triângulos, retângulos ou hexágonos. Se eles virem somente triângulos equiláteros com uma base paralela à parte inferior da página ou do chão, poderão pensar neste como o único triângulo verdadeiro e, mais tarde, descrever um triângulo rotado como "de cabeça para baixo", quando, na verdade, um triângulo não tem um determinado lado. Certifique-se de que os alunos vejam exemplos de triângulos em que todos os três lados tenham comprimentos diferentes, em que nenhum lado seja paralelo com a base da página ou do painel de avisos e em que não haja ângulos retos. Embora os estudantes ainda não tenham o vocabulário ou a compreensão conceitual para descrever essa diversidade, ao vê-la, isso manterá sua mente aberta sobre no que consiste um triângulo ou qualquer outra forma.

ATIVIDADE

Abertura

Inicie a atividade dizendo: "Eu desenhei uma forma com três lados retos". Pergunte: como poderia ser sua aparência? Dê aos alunos uma chance de conversar com um colega. Diga que eles construirão uma forma que poderia ser a sua forma e mostre os materiais disponíveis.

Brinque

Dê aos alunos acesso a materiais para desenhar ou construir formas. As duplas trabalham juntas para fazer uma ou mais formas com três lados. Se os alunos construírem suas formas, forneça alguma maneira de montarem suas figuras para protegê-las e compartilhá-las com os outros. Isso pode significar colá-las em peças de construção ou prender cada uma a um painel de avisos.

Enquanto as duplas trabalham, faça perguntas sobre como elas sabem que a forma que construíram ou estão construindo tem três lados retos como a que você mencionou. Pergunte: a forma poderia ter alguma outra aparência? Encoraje-os a desenvolver muitas formas de representar uma figura com três lados.

Discuta

Convide as duplas a escolher uma de suas formas para compartilhar com a turma. Faça as seguintes perguntas:

- Como vocês sabiam que construíram uma forma com três lados?
- Todos nós concordamos? Por que sim ou por que não?

Crie um espaço para exibir a coleção, acrescentando gradualmente as formas que a turma concorda que têm três lados retos. Pergunte: que nome podemos dar a essas formas? Discuta se os alunos acham que todas elas podem ser chamadas de triângulos.

Amplie

Esta atividade pode ser repetida mudando-se os componentes necessários para quatro lados retos, cinco lados retos ou três cantos. Você pode fazer esta atividade com o grande grupo, como uma rotina, ou transformá-la em uma estação ou um centro de aprendizagem, coletando as formas construídas pelos alunos durante vários dias e, depois, conversando sobre elas.

Fique atento

- **Os alunos estão prestando atenção a todas as partes da tarefa: três, lados e retos?** Embora a noção de construção de uma forma com três lados retos possa parecer, para adultos e crianças mais velhas, uma única restrição, porque estamos pensando nessas formas simplesmente como triângulos, para crianças menores, na verdade, há duas ideias diferentes aqui. Primeiro, a forma tem que ter três lados, e, segundo, esses lados têm que ser retos. Quando você falar com as duplas enquanto trabalham, e, mais tarde, quando facilitar a discussão sobre as formas terem três lados retos, faça perguntas para concentrar a atenção nessas duas ideias. Você pode perguntar: como vocês sabiam que sua forma tinha três lados retos? Se os estudantes simplesmente apontarem e contarem, você pode dizer: "Estou vendo pela sua contagem que há três lados. Como vocês sabiam que eles

eram retos?". Se um lado é reto, isso deve estar baseado na intenção do criador, e não em expectativas irrealistas de precisão.

- **Os alunos estão pensando nas múltiplas maneiras de resolver a tarefa?** Um dos objetivos da atividade é ajudar os estudantes a ver múltiplas versões de formas que têm as mesmas características. Você pode vê-los usando materiais para construir ou desenhar triângulos equiláteros ou retos primeiramente. Pressione-os a pensar em novas maneiras de fazer uma figura com três lados retos perguntando: que outras formas vocês podem fazer com três lados retos? Poderia haver outra maneira? Você pode até convidar os alunos para circular pela sala de aula com seu parceiro por algum tempo, olhando os outros trabalharem, para obter ideias, caso estejam travados.

Reflita

Quando estão construindo uma forma que tem que ter uma certa aparência, como vocês começam?

CONSTRUINDO BLOCOS

Visão geral

Os alunos usam um pequeno conjunto de blocos padrão para construir o máximo possível de formas diferentes, explorando as diversas maneiras como as formas maiores podem ser compostas de outras mais simples.

Conexão com o CCSS
K.G.6, K.G.4, K.G.1

Planejamento

Atividade	Tempo	Descrição/Estímulo	Materiais
Abertura	15 min	Apresente os blocos padrão e ofereça uma oportunidade de os estudantes os explorarem. Crie um quadro com as observações dos alunos sobre as diferentes peças. O quadro deve mostrar as seis formas.	• Blocos padrão, em recipientes, para as duplas explorarem. • Quadro e marcadores.
Explore	20+ min	As duplas escolhem dois ou três blocos padrão do conjunto, os utilizam para construir tantas formas quanto possível e as identificam.	• Acesso a blocos padrão para escolher dois ou três por dupla. • Materiais para registro.
Discuta	15 min	Os alunos compartilham as formas que fizeram dos dois ou três blocos padrão que selecionaram. Discuta no que consiste uma forma e chegue a uma definição da turma para a palavra.	
Amplie	30+ min	Mostre aos alunos a imagem na folha de atividade Tartaruga com Triângulos e pergunte o que eles notam. Questione como poderiam usar os blocos padrão para construir uma figura que os outros reconheceriam, como a tartaruga. Dê acesso aos blocos padrão e fotografe as criações dos alunos. Compartilhe as fotos com a turma e discuta o que notam, como as figuras foram construídas e como abordaram a construção de suas figuras com os blocos padrão.	• Folha de atividade Tartaruga com Triângulos, para exibir. • Blocos padrão, para cada aluno.

Para o professor

Nesta investigação, usamos os blocos padrão para construir figuras maiores, explorando quais podem ser feitas a partir de pequenos conjuntos de peças. Convidamos os alunos a escolher apenas dois ou três blocos para construir formas maiores, porque restringir quais peças usar possibilita que eles vejam que muitas figuras podem ser construídas ao mudar a orientação ou a posição dos blocos padrão em relação um ao outro.

Se seus alunos ainda não trabalharam com blocos padrão, eles vão precisar de tempo para explorá-los, sem restrições sobre quais utilizar e como fazer isso. Apesar de oferecermos oportunidade para que façam observações sobre os blocos padrão durante a abertura desta atividade, sabemos que isso não é suficiente para uma exploração completa das peças. Encorajamos você a reservar um tempo para que os estudantes brinquem com essa ferramenta, a fim de investigarem o que os blocos padrão podem fazer e como eles estão relacionados.

Aqui, oferecemos uma imagem complexa de uma tartaruga composta de triângulos. Muitas imagens similares de figuras do mundo real decompostas em formas geométricas podem ser encontradas *on-line* se essa imagem despertar o interesse dos estudantes. Oferecemos esse exemplo como uma inspiração, não como um objetivo. Você deve deixar claro para seus alunos que essa e quaisquer outras imagens que possam usar visam manter seu fluxo de ideias. Os alunos podem produzir figuras simples ou elaboradas; em ambos os casos, eles estão pensando sobre como objetos cotidianos ou coisas vivas podem ser formados por componentes geométricos.

ATIVIDADE

Abertura

Inicie a atividade apresentando aos estudantes os blocos padrão, caso ainda não estejam familiarizados com eles. Possibilite o acesso das duplas a uma amostra das peças, em tigelas ou recipientes, e convide-os a fazer observações sobre o que veem. Encoraje-os a usarem a linguagem que desenvolveram na atividade Visualize para descrever e comparar as formas. Certifique-se de que vejam que há seis formas diferentes no conjunto.

Crie um quadro sobre blocos padrão que colete as observações dos alunos sobre os blocos e mostre as seis formas.

Diga aos estudantes que eles explorarão como usar esses blocos padrão que compõem novas formas.

Explore

As duplas escolhem dois ou três blocos padrão do conjunto, que podem ser iguais ou diferentes, para usar como seus blocos de construção, e exploram as perguntas a seguir:

- Que novas formas vocês podem construir? Identifique todas as possibilidades.
- Quantas formas diferentes podem ser construídas com as peças?

Enquanto você observa os alunos, envolva-os em uma conversa sobre as formas, perguntando: como vocês poderiam descrever as formas que construíram com essas peças?

Se parecer que os alunos esgotaram todas as ideias, você pode pressioná-los, perguntando: vocês poderiam usar esses blocos de construção de outras maneiras para construir novas formas? Se eles acharem que não, pergunte: como vocês sabem que não podem fazer mais formas? Quando eles estiverem realmente prontos para prosseguir, você pode convidá-los a escolher duas ou três formas e começar de novo.

Discuta

Convide as duplas a compartilharem os dois ou três blocos de construção que escolheram e alguns dos exemplos das diferentes formas que conseguiram fazer com eles. Os alunos certamente juntarão as formas de diferentes maneiras, inclusive ao longo dos lados e nos vértices.

No grande grupo, você pode discutir a pergunta principal: "Em que consiste uma forma?". É assim que os matemáticos criam definições: eles chegam a um acordo sobre quais são os critérios. Ajude a turma a chegar a uma definição do que é e o que não é uma "forma" nesta atividade. Por exemplo, os estudantes podem dizer que os blocos de construção devem se tocar de algum modo para que sejam uma forma, e eles podem ou não ter regras para como os blocos podem se tocar (no lado ou nos cantos). Tudo bem se a definição não coincidir com a definição que os matemáticos usam; queremos que eles se engajem no processo de chegar a um acordo quanto à regra.

Amplie

Mostre aos alunos a imagem da Tartaruga com Triângulos e pergunte: o que vocês observam? Eles podem notar o todo e as diferentes formas que o compõem. Pergunte: como vocês poderiam usar seus blocos padrão para criar uma figura que poderíamos reconhecer? Forneça blocos padrão para que construam figuras familiares. Encorajamos você a tirar fotos dessas figuras para compartilhar com a turma mais tarde. Discuta as perguntas a seguir:

- O que vocês notam sobre a figura?
- Vocês usaram os blocos padrão para construir a figura?
- Como vocês pensaram sobre a figura que queriam fazer de modo que pudessem decidir como construí-la?
- Por onde começaram? O que construíram a seguir?

Fique atento

- **Os alunos estão registrando as formas que criam?** Registrar as formas maiores que os estudantes fazem com as peças dos blocos padrão pode ser um trabalho desafiador para a motricidade fina das crianças na educação infantil. Entretanto, o registro das formas possibilita rever a coleção de figuras que construíram para determinar se verdadeiramente fizeram novas formas e para examinar durante a discussão no que consiste uma forma. Se não estiverem registrando, diga-lhes que desenhar o que fizeram é um modo de preservar seu pensamento e que suas ideias são importantes. Como estão trabalhando com um colega, cada um pode assumir uma função de manter a figura no papel e fazer um traçado dessa figura para tornar o processo um pouco menos frustrante.

- **Os alunos estão virando e unindo os blocos padrão para criar combinações?** Trabalhar com apenas dois ou três blocos padrão limita o número de maneiras como essas formas podem ser combinadas em novas figuras; no entanto, ainda há muitas possibilidades. Você pode notar alguns alunos deslocando as formas em novas combinações, mas mantendo algum aspecto constante, como manter o quadrado no centro ou sempre orientar o triângulo com uma borda voltada para a base. Se parecer que eles estão esgotando as ideias rapidamente, pressione-os a considerar novas maneiras, desafiando o que estão fazendo sempre igual. Você pode dizer: o que aconteceria se o quadrado não estivesse no meio? Que formas vocês poderiam fazer se virassem o triângulo?

- **Como os alunos estão descrevendo as formas que fazem?** Quando você falar com os estudantes sobre as formas que estão criando, peça que descrevam as figuras. Escute as descrições que são holísticas ("É uma casa") e aquelas que focam os componentes ("Ela tem cinco lados"). Provavelmente, você ouvirá descrições holísticas nesta atividade; embora elas não devam ser desencorajadas, faça perguntas para ajudá-los a ampliar suas descrições das partes da forma. Algumas vezes, isso pode ser mais fácil de fazer quando os estudantes estão olhando para o traçado da figura, em vez de para os blocos, pois o traçado possibilita focar o contorno. Esse é um momento apropriado para encorajá-los a fazer comparações entre as figuras. Você pode fazer isso simplesmente demonstrando observações que comparam as formas depois que os alunos descreveram duas que já fizeram, por exemplo: "Essa forma tinha cinco lados, e essa também. Isso é interessante".

Reflita

Quais formas vocês acham que são as mais úteis para construir formas maiores? Por quê?

TARTARUGA COM TRIÂNGULOS

Mentalidades matemáticas na educação infantil, de Jo Boaler, Jen Munson e Cathy Williams.
Copyright 2024 – Penso Editora Ltda.

ENXERGANDO NÚMEROS DENTRO DE NÚMEROS

Uma parte importante do cérebro é chamada de sistema numérico aproximado, frequentemente abreviada como SNA. Ela focaliza uma função importante: converter um grupo de pontos ou objetos em um número. É interessante observar que essa habilidade foi associada a níveis mais elevados de desempenho em matemática. Essa é apenas uma das razões de eu ser uma grande proponente das conversas de pontos, uma atividade que aprendi com a educadora de matemática Cathy Humphreys. Em uma conversas de pontos, você compartilha uma coleção de pontos com os alunos por um curto período. A razão para ser um tempo curto é que você não quer que eles contem os pontos, mas usem seu SNA e estimem o número de pontos agrupando-os. Sempre que compartilho pontos com as pessoas, mesmo um número pequeno de pessoas, percebo que elas os veem de muitas maneiras diferentes. Isso me permite salientar um aspecto importante – que todos nós vemos a matemática de formas diferentes, e mesmo sete pontos (ou qualquer número) podem ser vistos de múltiplas maneiras. Recentemente, conduzi uma conversa de pontos com um grupo de meninas do ensino fundamental, e elas viram os sete pontos que lhes mostrei de todas as diferentes maneiras apresentadas na figura a seguir, na linha inferior, quarta imagem a partir da direita.

Em um recente curso de verão com meninas do ensino fundamental, elas gostaram tanto das conversas de pontos que perguntavam por eles todos os dias. Foi importante elas também terem adotado a abordagem de ver um tipo de padrão de muitas maneiras diferentes e começarem a aplicar essa abor-

Fonte: Boaler (2019, p. 115-116).

dagem a outros padrões que viam, o que eu gostei muito. Um exemplo meu em que ensino meninas do ensino fundamental com uma conversa de pontos está disponível em https://www.youcubed.org/resources/jo-teaching-visual-dot-card-number-talk (Boaler, c2023).

Em nossa atividade **Visualize**, compartilhamos um plano de aula para uma conversa de pontos. Esteja preparado – as atividades podem ser incríveis para muitos alunos e impactá-los de maneiras muito positivas. Se essa for sua primeira vez tentando uma conversa de pontos, você poderá descobrir que quer fazer mais delas e incorporá-las como uma rotina em sua sala de aula.

Na atividade **Brinque**, continuamos com a grande ideia de ver como os números são feitos, dessa vez dando aos alunos cubos de encaixe de diferentes comprimentos que podem ser partidos em dois para compor dois números diferentes. Os cubos de encaixe proporcionam algo importante aos estudantes – a experiência de segurar os números fisicamente em suas mãos, estimulando importantes e diferentes caminhos.

Em nossa atividade **Investigue**, engajamos os estudantes em um jogo que lhes pede para decidirem qual de dois grupos de pontos é maior. Depois disso, eles são questionados se conseguem encontrar formas de provar que o grupo que acham maior é realmente maior. Isso os engaja em outro ato matemático importante: provar.

Jo Boaler

CONVERSAS DE PONTOS

Visão geral

Os alunos usam conversas de pontos como oportunidades para decompor conjuntos maiores de pontos em conjuntos menores, os quais eles podem subitizar – isto é, reconhecer a quantidade de relance.

Conexão com o CCSS
K.CC.5, K.OA.3, K.CC.4c

Planejamento

Atividade	Tempo	Descrição/Estímulo	Materiais
Abertura e explore	5 min	Apresente a estrutura das conversas de pontos e peça que os alunos tentem descobrir quantos pontos eles veem, focando em *como* eles veem os pontos. Mostre rapidamente uma imagem da Conversa de Pontos.	• Folha de atividade Conversa de Pontos, para exibir.
Discuta	10-15 min	Convide os alunos a compartilhar como e quantos pontos eles veem. Registre o pensamento de cada um que compartilhar em uma cópia da folha de atividade Conversa de Pontos, usando círculos para mostrar os agrupamentos. Cheguem a um acordo sobre quantos pontos são mostrados e chame a atenção para as múltiplas maneiras de subitização utilizadas.	• Muitas cópias da folha de atividade Conversa de Pontos, para registrar o pensamento dos alunos.
Amplie	15 min	Essa rotina pode se tornar uma atividade facilitada em pequenos grupos, em que todos contribuem com suas reflexões. Considere mostrar os pontos com ímãs para que os alunos possam explicar como moveram os pontos em sua mente.	• Folhas de atividade Conversa de Pontos ou ímãs em um quadro.

Para o professor

As conversas de pontos se tornaram uma rotina difundida em salas de aula no início da infância e além, como versões visuais das conversas numéricas descritas pela primeira vez por Ruth Parker e Cathy Humphreys (2015, 2018). O livro de Sherry Parrish (2010) sobre conversas numéricas fornece muitas conversas de pontos que encorajam os alunos a pensar visualmente sobre números e a aprender a subitizar. As pessoas subitizam quando reconhecem a quantidade de um grupo de objetos sem contar. Para crianças da educação infantil, o objetivo é que elas reconheçam grupos de dois e três objetos de relance, independentemente de como eles estão organizados, e posteriormente aprendam a reconhecer números maiores em organizações particulares, como as apresentadas em um dado.

A subitização com grupos maiores de objetos, como os apresentados nas conversas de pontos nesta atividade, envolve decompor esse grupo em agrupamentos que os alunos consigam reconhecer. Por exemplo, com a conversa de pontos que abre a atividade, os estudantes podem começar a ver os sete pontos notando dois grupos de dois pontos e um grupo de três pontos ou dois grupos de três pontos e um ponto extra. Ver os sete pontos de múltiplas maneiras desenvolve a compreensão do número maior, de como ele é composto por números menores e de que há muitas formas equivalentes de decompor um número. Por meio dessas conversas de pontos, as crianças estão simultaneamente trabalhando em contagem, números, equivalência, composição e decomposição.

• Durante a atividade, você poderá perguntar aos alunos quantos pontos eles veem e, por fim, chegar a um acordo de que não importa como eles os veem, pois existe um número fixo de pontos. Entretanto, mais importante, você deverá enfatizar a pergunta: como vocês veem os pontos? Mesmo quando os alunos não têm certeza de quantos pontos há ao todo, eles podem compartilhar os modos de ver os pontos, os agrupamentos que eles notam e as maneiras como os pontos compõem formas que ajudam a contar, como triângulos ou quadrados.

Encorajamos você a incorporar conversas de pontos como uma rotina em sua sala de aula, algo que pode adotar muitas vezes a cada semana. Obviamente, você precisará de muito mais imagens do que fornecemos aqui, o que poderá encontrar no livro de Parrish ou produzir por si próprio. Você pode incluir imagens organizadas e imagens em que os pontos estão espalhados. Reconhecer o número de pontos quando eles estão espalhados é muito mais desafiador, portanto, você deverá usar menos pontos para esses tipos de conversas.

ATIVIDADE

Abertura e explore

Inicie a atividade dizendo aos alunos que você vai lhes mostrar imagens de pontos e lhes pedir para descobrirem quantos pontos há. Diga-lhes que pode ser que eles consigam descobrir quantos pontos há ao todo ou que talvez apenas notem algumas das partes. Explique que, depois que tiverem a chance de olhar para os pontos, você vai lhes perguntar quantos eles veem, mas, sobretudo, que você quer saber *como* eles veem os pontos.

Três modos diferentes de como os alunos veem 7.

Mostre rapidamente a primeira folha de atividade Conversa de Pontos. O tempo deve ser suficiente para que eles prestem atenção à sua estrutura, mas não para que consigam contar cada ponto individualmente. A ideia é encorajar a subitização.

Discuta

Após recolher a imagem com os pontos, faça as perguntas a seguir:

- O que vocês viram?
- Quantos vocês veem?
- Como vocês viram?
- O que vocês viram primeiro? O grupo todo ou as partes?

Para cada aluno que apresentar um modo de ver os pontos, exiba uma cópia da folha de atividade Conversa de Pontos. Marque os pontos e identifique-os para mostrar as maneiras como cada estudante vê os grupos dentro do número maior. Circule os grupos de pontos que os alunos viram como agrupamentos e sabiam que eram dois ou três. Pergunte: como vocês reuniram esses grupos para descobrir quantos pontos há ao todo? Alguns podem ter visto agrupamentos, mas não terem juntado os grupos. Com toda a turma, discuta modos de usar os grupos para descobrir quantos pontos há na imagem. Certifique-se de enfatizar a ideia principal: podemos ver números dentro de um número maior. Uma maneira de fazer isso é reiterar as diferentes formas de conversar sobre os pontos em uma imagem. Por exemplo, você pode dizer, apontando para as imagens que marcou com os alunos: nós concordamos que esta tem sete pontos. Outra maneira de ver isso é que ela tem dois pontos e dois pontos e três pontos.

Ou vocês podem ver como três pontos e três pontos e um ponto.

Repita esse processo com outras folhas de atividade Conversa de Pontos no mesmo dia ou como uma rotina do período de matemática.

Amplie

Você pode fazer conversas de pontos como estas em pequenos grupos para variar o número de pontos, com eles estruturados ou espalhados. Em pequenos grupos, pode haver menos estratégias, mas cada estudante pode contribuir. Também considere tentar as conversas de pontos utilizando ímãs em um quadro para que as crianças possam movê-los fisicamente a fim de mostrar como eles se movem em sua mente, se é que isso acontece.

Fique atento

- **Os alunos estão usando objetos de referência, como dados ou triângulos, para apoiar a subitização?** Quando os estudantes aprendem a subitizar, eles se baseiam em recursos culturais e matemáticos que organizam os objetos. O objeto mais comumente usado é o dado, que organiza um a seis pontos em uma estrutura regular que os alunos podem ver em sua vida, dentro e fora da escola. Quando jogam jogos com dados ou dominós, as crianças podem ter uma prática repetida em que aprendem a subitizar os pontos, o que, por fim, pode ajudá-las a subitizar em outras situações, como nessas conversas de pontos. Igualmente, elas podem se basear nas formas implícitas feitas pelos pontos como vértices, como três pontos formando um triângulo ou quatro pontos formando um quadrado, para reconhecer três ou quatro pontos. Certifique-se de chamar a atenção dos alunos para exemplos de uso desses tipos de estratégias para ver o número de pontos. Alguns só se dão conta de que esses são recursos que eles também podem usar quando um de seus colegas faz referência.

- **Os alunos notam pontos que estão faltando?** Uma estratégia para descobrir o número de pontos envolve vê-los como uma organização com alguns pontos faltando. Por exemplo, na conversa de pontos que abre esta atividade, uma maneira de ver os sete pontos é visualizar a forma que eles fazem como um quadrado de três em três formando nove pontos, com um faltando de cada lado. A maioria dos estudantes prestará atenção aos pontos que veem, em vez de imaginar pontos adicionais e, então, compensá-los. Portanto, se essa estratégia surgir em sua turma, vá mais devagar com a discussão e peça que o aluno compartilhe esse raciocínio apontando para os pontos imaginados, os quais você pode desenhar para que os outros também possam visualizar. Discuta por que essa estratégia funciona, com perguntas como: por que dá certo acrescentar pontos em sua mente? Quando isso pode nos ajudar?
- **Você nota que os alunos referem que movem os pontos em sua mente?** Outra estratégia relacionada com a imaginação de pontos extras é mover o arranjo dos pontos em sua mente. Por exemplo, na conversa de pontos que abre esta atividade, os estudantes podem mentalmente colocar em uma linha os pontos do lado esquerdo superior e do lado direito

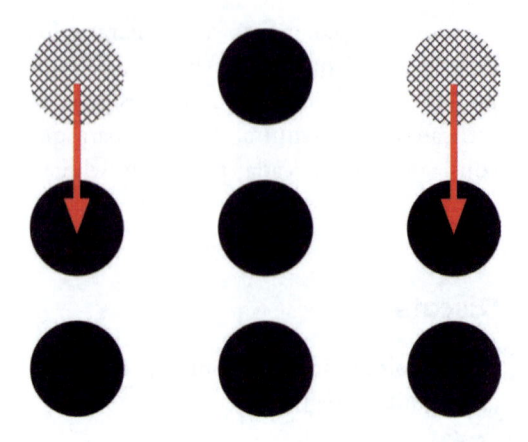

Vendo os pontos se moverem para criar um padrão conhecido.

superior, de modo que as duas linhas inferiores se pareçam com a forma como o número seis é apresentado em um dado, com um ponto extra no alto.

Com frequência, os alunos não percebem que têm o poder ou a autoridade de mudar a imagem mentalmente para uma que eles possam contar com mais facilidade. No entanto, adaptar os problemas para incluir números ou condições mais favoráveis é uma estratégia universal para solução de problemas que os alunos podem e vão usar pelo resto de sua vida. Assim como para a imaginação de pontos, se você ouvir um estudante dizer que moveu um ponto para um lugar que fosse mais útil para ele, reduza a velocidade da discussão e chame a atenção para isso como uma estratégia. Convide a turma a se imaginar movendo o(s) ponto(s) e a projetar como seria sua aparência na nova organização. Peça que aqueles que usaram essa estratégia falem por que moveram aquele(s) ponto(s) particular(es) e como decidiram movê-lo(s).

Reflita

Quando vocês veem um grupo de objetos (como pontos), o que sua mente nota?
Como isso os ajuda a descobrir quantos são?

REFERÊNCIAS*

BOALER, J. Jo teaching a visual dot card number talk. *Youcubed*, c2023. Disponível em: https://www.youcubed.org/resources/jo-tea-ching-visual-dot-card-number-talk/. Acesso em: 22 nov. 2023.

BOALER, J. *Limitless mind*. New York: Harper Collins, 2019.

BOALER, J.; MUNSON, J.; WILLIAMS, C. *Mindset mathematics*: visualizing and investigating big ideas, grade K. New York: John Wiley & Sons, 2020.

PARKER, R.; HUMPHREYS, C. *Digging deeper*: making number talks matter even more. Portland: Stenhouse, 2018.

PARKER, R.; HUMPHREYS, C. *Making number talks matter*. Portland: Stenhouse, 2015.

PARRISH, S. *Number talks*. Sausalito: Math Solutions, 2010.

---

* N. de R. T.: O vídeo indicado na primeira referência está
  disponível com legendas em português em: https://www.
  youcubed.org/pt-br/resources/jo-ensinando-e-conver-
  sando-sobre-o-numero-de-pontos-de-uma-cartela/

CONVERSA DE PONTOS

Mentalidades matemáticas na educação infantil, de Jo Boaler, Jen Munson e Cathy Williams.
Copyright 2024 – Penso Editora Ltda.

 **CONVERSA DE PONTOS**

Mentalidades matemáticas na educação infantil, de Jo Boaler, Jen Munson e Cathy Williams.
Copyright 2024 – Penso Editora Ltda.

CONVERSA DE PONTOS

Mentalidades matemáticas na educação infantil, de Jo Boaler, Jen Munson e Cathy Williams.
Copyright 2024 – Penso Editora Ltda.

CONVERSA DE PONTOS

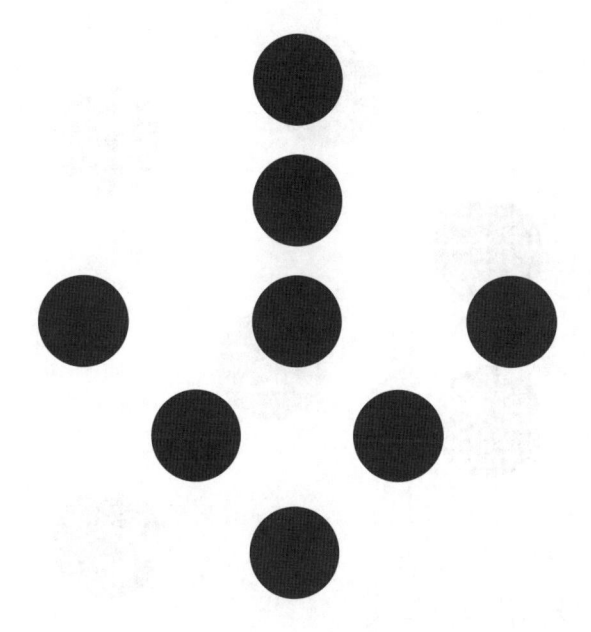

Mentalidades matemáticas na educação infantil, de Jo Boaler, Jen Munson e Cathy Williams.
Copyright 2024 – Penso Editora Ltda.

CONVERSA DE PONTOS

Mentalidades matemáticas na educação infantil, de Jo Boaler, Jen Munson e Cathy Williams.
Copyright 2024 – Penso Editora Ltda.

CONVERSA DE PONTOS

Mentalidades matemáticas na educação infantil, de Jo Boaler, Jen Munson e Cathy Williams.
Copyright 2024 – Penso Editora Ltda.

CONVERSA DE PONTOS

Mentalidades matemáticas na educação infantil, de Jo Boaler, Jen Munson e Cathy Williams.
Copyright 2024 – Penso Editora Ltda.

CONVERSA DE PONTOS

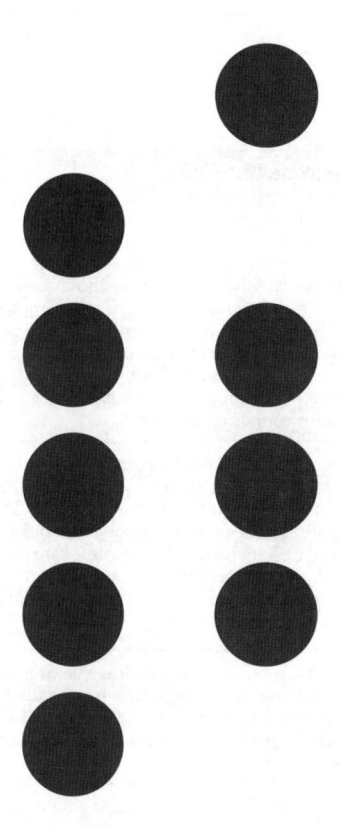

Mentalidades matemáticas na educação infantil, de Jo Boaler, Jen Munson e Cathy Williams.
Copyright 2024 – Penso Editora Ltda.

ENCAIXE!

Visão geral

Os alunos constroem a compreensão de como os números podem ser decompostos e recompostos jogando o jogo Encaixe.

Conexão com o CCSS
K.OA.3, K.CC.5, K.CC.3

Planejamento

Atividade	Tempo	Descrição/Estímulo	Materiais
Abertura	10-15 min	Jogue Encaixe com o grande grupo. Mostre aos alunos uma fileira com cubos de encaixe, com o comprimento de 4 a 10 cubos, e, então, divida essa fileira. Discuta quantos cubos há em cada parte e ao todo. Reconecte as peças encaixando-as, forme a fileira novamente em um novo lugar e discuta as mesmas perguntas. Mude o número de cubos na fileira, de modo que ela tenha 7 a 10 cubos, repita o processo e crie um quadro com os resultados.	• 10 cubos de encaixe. • Quadro e marcadores.
Brinque	15 min	As duplas jogam Encaixe usando o mesmo número de cubos que na fileira no final da abertura, tentando descobrir de quantas maneiras diferentes eles podem se encaixar e formar a fileira em duas partes. Para cada maneira que encontram, eles registram o número de cubos em cada parte e o total para retornar para o grupo.	• Fileiras de cubos de encaixe, com o mesmo comprimento que a última fileira explorada na abertura. • Fichas de registro ou etiquetas adesivas, por dupla.
Discuta	10-15 min	Discuta as diferentes maneiras que os alunos encontraram para encaixar e formar sua fileira de cubos em duas partes. Registre-as no quadro e discuta se eles descobriram todas as maneiras possíveis.	• Quadro e marcadores.
Amplie	15-20 min	Transforme a atividade Encaixe em um jogo em duplas em que os parceiros se revezam construindo uma fileira, encaixando os cubos e contando-os em cada parte e em sua totalidade.	• 10 cubos de encaixe, por dupla.

Para o professor

Nesta atividade, usamos o jogo Encaixe para focar na decomposição – e, então, na recomposição – de números até 10. Com base no trabalho que os alunos fizeram com as conversas de pontos na atividade Visualize, neste jogo eles constroem fileiras com cubos de encaixe que dividem em duas partes. Os alunos tentam descobrir quantos cubos há em cada parte e como elas se juntam para formar uma fileira de cubos inteira. Organizando esses objetos em uma linha, em vez de em grupos como nas conversas de pontos, os alunos são encorajados a pensar nos números de maneira linear, plantando a semente para as linhas numéricas posteriormente.

Inerente a esse trabalho são as relações entre as partes e o todo, e nosso objetivo é que os estudantes vejam que o todo pode ser conservado mesmo quando é decomposto de diferentes modos. Os alunos podem examinar as diferentes maneiras de decompor um número repetidamente, o que constrói os fundamentos para o pensamento algébrico. Eles podem discutir quais são as diferentes maneiras de encaixar a fileira, abordando a comutatividade. Por exemplo, 6 e 1 é o mesmo que 1 e 6 ou é diferente? Em algumas situações, a diferença não importaria, como quando rolamos dois dados. Entretanto, em outras situações, a ordem seria muito importante, como quando perguntamos como dois amigos compartilhariam sete marcadores. A atividade Encaixe não tem um contexto, portanto, se há duas soluções ou uma, isso é uma questão para os alunos discutirem.

É possível usar esta atividade como outra rotina para toda a turma, assim como com as conversas de pontos, em que você cria, mostra e encaixa uma fileira para os estudantes contarem e discutirem. Isso pode ser feito em apenas alguns minutos, e você pode registrar as soluções para que os alunos vejam, acumulando-as durante dias e semanas. No entanto, sugerimos que, ao permitir que eles joguem esse jogo com os colegas, você os estimule a pensar sobre as muitas maneiras de encaixar uma única fileira de cubos. Incluímos o registro na parte Brinque da atividade como uma forma de os estudantes verem se encontraram soluções novas ou repetidas e para que você possa observar as conexões que eles estão fazendo entre quantidade, contagem oral e numerais escritos.

ATIVIDADE

Abertura

Inicie a atividade dizendo aos alunos que eles jogarão um jogo com cubos chamado Encaixe. Mostre uma fileira de cubos de encaixe que tenha 4 a 10 cubos de comprimento. Garanta que todos tenham a chance de ver a fileira inteira e depois a separe em duas seções enquanto eles observam. Pergunte: quantos cubos há em cada parte? Quantos cubos havia na fileira inteira? Dê a eles a chance de conversar com um colega sobre o que veem. Convide-os a compartilhar seu raciocínio sobre quantos cubos há em cada parte e quantos cubos havia ao todo. Os estudantes se aproximam para apontar ou tocar os cubos para contar e provar quantos há.

Depois que a turma tiver chegado a um acordo, torne a unir as partes e, então, divida os cubos novamente, encaixando-os de uma nova maneira. Volte a perguntar: quantos cubos há em cada parte? Quantos cubos havia na fileira inteira? Discuta essas perguntas até que a turma entre em um consenso.

Para a rodada seguinte, retire e acrescente alguns cubos, até que a fileira tenha 7 a 10 cubos, e repita essa rotina, certificando-se de que os alunos saibam que você mudou o número de cubos na fileira. Após chegarem a um acordo sobre quantos cubos há em cada parte e ao todo, faça um registro compartilhado do que vocês aprenderam sobre a fileira. Em um quadro, desenhe a fileira e mostre com uma linha como ela foi dividida e encaixada, identificando as partes e o todo.

Pergunte de que outras maneiras eles acham que podem dividir essa fileira em duas partes e diga que isso é o que eles vão explorar em seu jogo do dia.

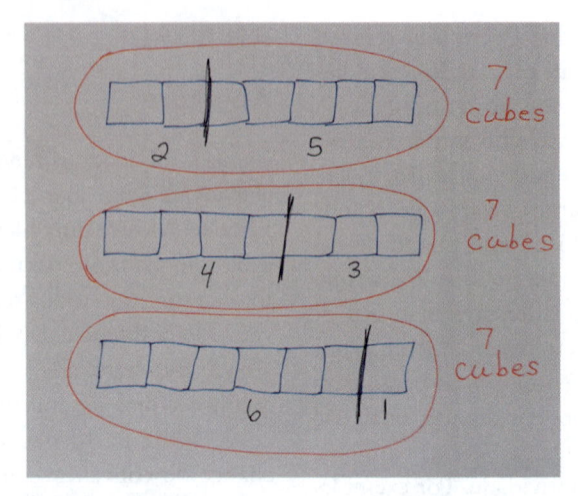

Registro do professor das diferentes maneiras como os alunos encaixaram as fileiras.

Brinque

Dê às duplas uma fileira de cubos do mesmo comprimento que o último que vocês exploraram na abertura, com fichas de registro ou etiquetas adesivas. As duplas exploram a pergunta: de quantas maneiras diferentes podemos dividir a fileira em duas partes e encaixá-la? Para cada maneira que encontram para dividir e encaixar a fileira, eles chegam a um acordo sobre quantos cubos há em cada parte e ao todo. As duplas registram em uma ficha de registro ou etiqueta adesiva para que possam ver que novas maneiras encontraram.

Discuta

Reúna os alunos, com suas fichas de registro ou suas etiquetas adesivas, para discutirem as perguntas a seguir:

- Que maneiras diferentes vocês encontraram de encaixar a fileira?
- Podemos encontrar todas as maneiras? Como sabemos quando já encontramos todas elas?

Acrescente ao seu quadro cada solução que os alunos compartilharem. Você pode dar um título ao quadro, como *Maneiras de dividir e encaixar uma fileira de 8*. Pergunte: vocês encontraram essa maneira de encaixar a fileira? Dê aos estudantes a chance de checar suas soluções. Você pode convidá-los a deixar de lado a solução agora que ela já foi registrada ou acrescentá-la ao quadro ao lado de seu respectivo desenho. Você também pode discutir a pergunta: como vocês registraram seu raciocínio? Isso cria a oportunidade de examinar as maneiras como os alunos desenharam e identificaram seu trabalho e os modos de mostrar o total.

Amplie

Transforme a atividade em um jogo em duplas, com a seguinte rotina:

- O parceiro A constrói uma fileira com não mais de 10 cubos.
- O parceiro B divide a fileira.
- O parceiro A calcula e explica quantos cubos há em cada parte.

- O parceiro B calcula e explica quantos cubos há ao todo.
- Os parceiros invertem os papéis.

Os alunos podem jogar o jogo em duplas em um centro de aprendizagem ou a turma toda pode jogá-lo simultaneamente.

Fique atento

- **Os alunos estão reconhecendo que o número total de cubos não muda?** Quando os estudantes dividem e encaixam a mesma fileira repetidamente, pedimos que descubram quantos havia no total. Eles podem continuar a recontar esses cubos a cada nova maneira de encaixá-los, seja porque não têm certeza do total, seja como um modo de verificação. Entretanto, alguns podem notar em um determinado momento que o número total de cubos é sempre o mesmo. Faça perguntas sobre como eles sabiam quantos cubos havia na fileira e preste atenção a se eles estão conservando o total. Deve-se retornar a isso durante a discussão: não importa o quanto você divida e encaixe, o número total de cubos não muda. Muitos alunos provavelmente vão querer recontar para verificar se isso é verdade; permita que eles contem para confirmar esse padrão tantas vezes quanto for preciso.
- **Como os alunos estão descrevendo o total e as partes?** As crianças precisam de uma linguagem para as relações entre as partes e o todo. Preste atenção a como estão descrevendo as partes e a como essas partes compõem o todo. Você pode ouvir palavras como *ao todo*, *junto*, *total* ou *tudo*. Se os estudantes estiverem tendo dificuldade para encontrar maneiras de descrever como as duas partes

formam alguma coisa maior, interfira e sugira algumas palavras para usar ao descrever essa relação. Poderíamos dizer, por exemplo, "Estas duas partes formam a fileira inteira" ou, mais especificamente, "Esta parte tem três cubos, e esta parte, quatro cubos. Juntas, elas formam uma fileira de sete cubos". Certifique-se de se basear na linguagem informal dos alunos para apoiar essas descrições e garanta que eles tenham a oportunidade, durante a discussão, de ouvir as diferentes maneiras como os colegas descrevem a relação entre as partes e o todo.

- **Como os alunos estão registrando suas soluções?** Preste atenção ao que os estudantes registram para cada uma de suas soluções. Você deverá examinar como eles estão identificando as partes e o todo com números e se estão usando desenhos. Se os alunos desenharem suas fileiras, o que encorajaríamos, peça que eles contem suas figuras em voz alta, como fizeram com seus cubos, para verificar se suas figuras correspondem aos manipulativos. Eles podem corrigir seus registros, se necessário. Isso também dará a você a oportunidade de ouvir a contagem e ver como eles combinaram os numerais com a sequência da contagem oral. Não deixe de identificar as novas maneiras como os alunos estão indicando o todo em seus registros. Eles podem usar um círculo em torno das duas partes para mostrar o todo, redesenhar a fileira ou inventar alguns símbolos.

Reflita

Como vocês podem usar o número de cubos nas partes para descobrir quantos há na fileira inteira?

QUAL TEM MAIS?

Visão geral

Os alunos usam estratégias visuais e de contagem para comparar grupos de pontos em um jogo de Qual Tem Mais?.

Conexão com o CCSS
K.CC.6, K.CC.5

Planejamento

Atividade	Tempo	Descrição/Estímulo	Materiais
Abertura	10-15 min	Mostre aos alunos a folha de atividade Dois Conjuntos e pergunte: qual grupo tem mais pontos? Dê aos alunos a chance de pensar e, então, conversar entre si e compartilhar seu raciocínio. Após, pergunte: como poderíamos provar qual grupo tem mais pontos? Convide-os a desenvolver algumas estratégias de contagem. Introduza o jogo Qual Tem Mais?.	• Folha de atividade Dois Conjuntos, para exibir.
Explore	15-20 min	As duplas jogam Qual Tem Mais? usando o baralho de cartas. Os alunos fazem previsões visualmente sobre qual grupo tem mais pontos e, então, desenvolvem estratégias para provar.	• Baralho de cartas Qual Tem Mais?, por dupla.
Discuta	10 min	Discuta como os alunos poderiam saber visualmente qual grupo tem mais pontos e as estratégias que desenvolveram para provar isso.	
Amplie	15+ min	Transforme Qual Tem Mais? em um jogo em duplas em uma estação ou um centro de aprendizagem. As duplas podem acrescentar novas cartas ao baralho usando a folha de atividade Faça Suas Próprias Cartas.	• Baralho de cartas Qual Tem Mais?, por dupla. • Opcional: folha de atividade Faça Suas Próprias Cartas ou cartas laminadas em branco e marcadores de quadro branco.

Para o professor

Nesta atividade, nos baseamos nas maneiras como os alunos veem os números dentro de números em conversas de pontos para comparar dois conjuntos de pontos em um jogo chamado Qual Tem Mais?. Eles comparam dois grupos de pontos desenhados em um baralho de cartas, desenvolvendo estratégias para determinar o grupo que tem mais pontos, tanto visualmente quanto pelo uso de estratégias de contagem. É provável que os alunos se deparem com desafios em algumas áreas. Primeiro, provavelmente terão dificuldade com a diferença entre um grupo que tem mais pontos e um grupo que ocupa mais espaço. Quando usamos a palavra *maior*, não está claro se queremos dizer mais (número) ou maior (área). Encorajamos você a ser preciso com sua linguagem, perguntando qual grupo tem mais pontos, e a esperar que surja essa dificuldade conceitual.

Segundo, é provável que os alunos encontrem dificuldade quando os dois grupos tiverem números de pontos parecidos, como 6 e 7, ou quando os pontos estiverem espalhados. Esses dois desafios tornam mais difícil fazer a determinação da diferença entre os grupos visualmente, e faz sentido que os alunos simplesmente não sejam capazes de determinar qual grupo tem mais. Preveja que "Não tenho certeza" será uma resposta que você pode ouvir, e é melhor abordá-la perguntando "Por quê?" em vez de pressioná-los a simplesmente dar um palpite. Será útil que os alunos digam que os dois grupos são muito parecidos ou que é mais difícil quando os pontos estão espalhados. Essa ideia se conecta com uma das razões para nos organizarmos para a contagem, algo que surgiu na primeira grande ideia e sobre o que as crianças da educação infantil estão conversando durante o ano inteiro.

Quanto às cartas, você pode simplesmente copiá-las e recortá-las para fazer um baralho de papel ou fazer baralhos laminados. Além de as versões laminadas serem mais resistentes, os alunos podem desenhar nelas com marcadores para quadro branco para mostrar como agruparam ou contaram os pontos, fornecendo evidências úteis para o fechamento da discussão. Antes de convidá-los a tentar isso, você pode esperar até que eles tenham tido alguma experiência com o jogo.

ATIVIDADE

Abertura

Inicie a atividade mostrando a folha de atividade Dois Conjuntos. Diga que há dois grupos de pontos aqui, um grupo de pontos vermelhos e um grupo de pontos azuis. Pergunte: qual grupo tem mais pontos? Dê aos alunos uma chance de pensar independentemente e, depois, conversar com um colega. Convide alguém para compartilhar seu raciocínio e como pensou sobre qual deles tinha mais. Nesse estágio, é bom que o pensamento seja algo como: "Este parece maior".

Pergunte à turma: como poderíamos provar qual grupo tem mais pontos? Convide os alunos a se aproximar e a contar para comprovar qual grupo é maior. Encorajamos você a fazer marcações na folha para mostrar a prova que os alunos geram, incluindo como eles contaram. Certifique-se de enfatizar as estratégias usadas nas conversas de pontos para notar os agrupamentos de pontos dentro do grupo maior.

Introduza o jogo Qual Tem Mais?, dizendo que seu objetivo é desenvolver estratégias para descobrir qual grupo tem mais, olhando e contando.

Explore

Forneça às duplas um baralho das cartas Qual Tem Mais?. As duplas iniciam misturando as cartas e colocando o baralho virado para baixo, onde cada um possa alcançá-lo. Cada um retira uma carta, colocando as duas cartas lado a lado, onde ambos possam vê-las. A dupla, então, tenta descobrir, observando, qual carta tem mais pontos. Cada parceiro tem sua vez de dizer qual ele acha que tem mais e por quê. Então, em conjunto, tentam provar qual delas realmente tem mais, usando as estratégias que desenvolveram.

Os alunos repetem esse processo em cada rodada, retirando duas novas cartas para colocar em cima das cartas anteriores, predizendo qual delas tem mais e, então, desenvolvendo estratégias para provar. Quando acabar o baralho, eles podem misturar as cartas novamente e reiniciar.

Discuta

Depois que os alunos tiverem a chance de jogar, reúna-os para discutir as perguntas a seguir:

- Como vocês sabiam qual tinha mais?
- Que estratégias vocês utilizaram para decidir qual tinha mais?
- Como vocês provaram qual tinha mais?

Essas perguntas exigem que os alunos pensem sobre como poderiam dizer qual grupo tinha mais pontos, seja visualmente, seja contando. Entretanto, as crianças podem achar difícil falar assim, em termos abstratos. Se esse for o caso, você pode pedir que escolham um par de cartas para mostrar quais foram suas estratégias em casos específicos, como quando os números eram muito próximos ou muito diferentes. Durante a discussão, chame a atenção para estratégias que comparam, dividem os pontos em grupos menores e usam linguagem de comparação, como: *mais que, menos que, maior, menor, menos* e *igual*.

Amplie

Disponibilize esse jogo em estações ou centros de aprendizagem. Os alunos podem fazer suas próprias cartas para acrescentar aos baralhos usando a folha de atividade Faça Suas Próprias Cartas. Você pode fornecê-las para que desenhem nelas ou oferecer cartas laminadas em branco para desenharem com marcadores de quadro branco, a fim de que sejam usadas repetidamente.

Fique atento

- **As crianças estão encontrando dificuldade para chegar a um acordo, mesmo quando estão contando?** Você pode notar que, mesmo quando os alunos contarem os pontos, eles ainda podem não concordar sobre quantos pontos tem ou qual grupo tem mais pontos. Ajude-os fornecendo contadores que eles podem colocar em cima das cartas para que possam mover os pontos para contar e comparar. Os alunos podem, então, colocar os pontos em uma linha para cada carta, combinando os contadores para ver qual linha tem mais pontos. Ou podem concordar sobre quantos há em cada grupo, mas não sobre qual tem mais. Pergunte: como podemos dizer qual deles tem mais? Há alguma ferramenta que possa ajudar, como contadores ou dedos? A sequência de contagem pode ajudar aqui. Se contarem em voz alta, eles poderão ouvir qual número dizem primeiro e qual vem depois. Isso, por si só, já é um conceito – quando você diz os números em voz alta, eles ficam maiores, o que os alunos podem desenvolver nessa atividade.
- **As crianças estão usando "maior" com o significado de mais pontos ou mais espaço?** Quando os pontos estão espalhados, em vez de organizados, o mesmo número de pontos pode ocupar mais es-

paço na carta. Esse grupo pode parecer "maior" porque ocupa uma área maior. Um aspecto de conservação é que os alunos entendam que movimentar o ponto não muda o número, independentemente se eles os aproximam ou os afastam. Os alunos podem precisar testar essa ideia por si próprios. Considere oferecer contadores para representar a carta, contar, movimentar e recontar. Certifique-se de usar uma linguagem precisa, de modo que, em vez de perguntar "Qual grupo é maior?", você pergunte "Qual grupo tem mais pontos?".

- **Que estratégias de agrupamento os alunos estão usando?** Os alunos podem usar algumas das estratégias de contagem que desenvolveram nas conversas de pontos para ajudar a descobrir qual grupo tem mais pontos. Por exemplo, eles podem agrupar os pontos em grupos menores de 1, 2 ou 3 para contar o total. Ou, então, podem usar os agrupamentos para comparar os grupos maiores. Por exemplo, podem observar que, na imagem Dois Conjuntos, o grupo de cinco pontos é formado por um agrupamento de dois e um agrupamento de três, mas o grupo de sete tem dois agrupamentos de dois e um agrupamento de três. Comparando esses agrupamentos menores, eles podem nunca considerar quantos pontos há na carta. Essa é uma maneira inventiva e muito matemática de pensar sobre a tarefa. Certifique-se de chamar a atenção para essas maneiras de usar agrupamentos de pontos para contar e comparar.

- **Como os alunos lidam com grupos iguais?** Pode acontecer de os alunos tirarem duas cartas com o mesmo número de pontos, embora representados de modo diferente. Observe atentamente como eles lidam com isso e nomeiam o que veem e não deixe de levantar essa questão com o grupo todo durante a discussão. Essa é uma ótima oportunidade para construir a linguagem de *igual*. Nesse contexto, os dois grupos são iguais, mas apenas em quantidade ou valor, não em aparência. Essa é a essência da equivalência. É por isso que podemos dizer que 2 + 3 é igual a 5; eles não parecem iguais, mas têm o mesmo valor. Se você ouvir os alunos observarem que dois grupos são iguais, pergunte: em que aspecto eles são iguais? Você pode mencionar que eles não parecem ser iguais, a fim de que pensem com mais precisão sobre o que pretendem dizer com isso. Use isso como uma oportunidade de introduzir a palavra *igual* como um termo para "mesmo número ou quantidade".

Reflita

Quando vocês veem dois grupos, como podem dizer qual deles tem mais?

 **DOIS CONJUNTOS**

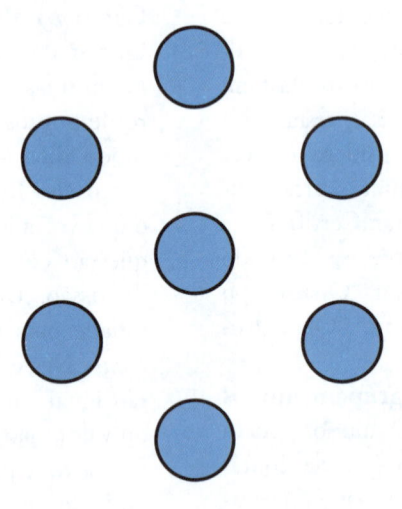

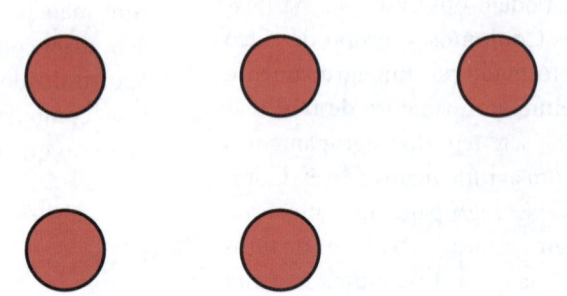

Mentalidades matemáticas na educação infantil, de Jo Boaler, Jen Munson e Cathy Williams.
Copyright 2024 – Penso Editora Ltda.

 ## QUAL TEM MAIS?

Mentalidades matemáticas na educação infantil, de Jo Boaler, Jen Munson e Cathy Williams.
Copyright 2024 – Penso Editora Ltda.

 **QUAL TEM MAIS?**

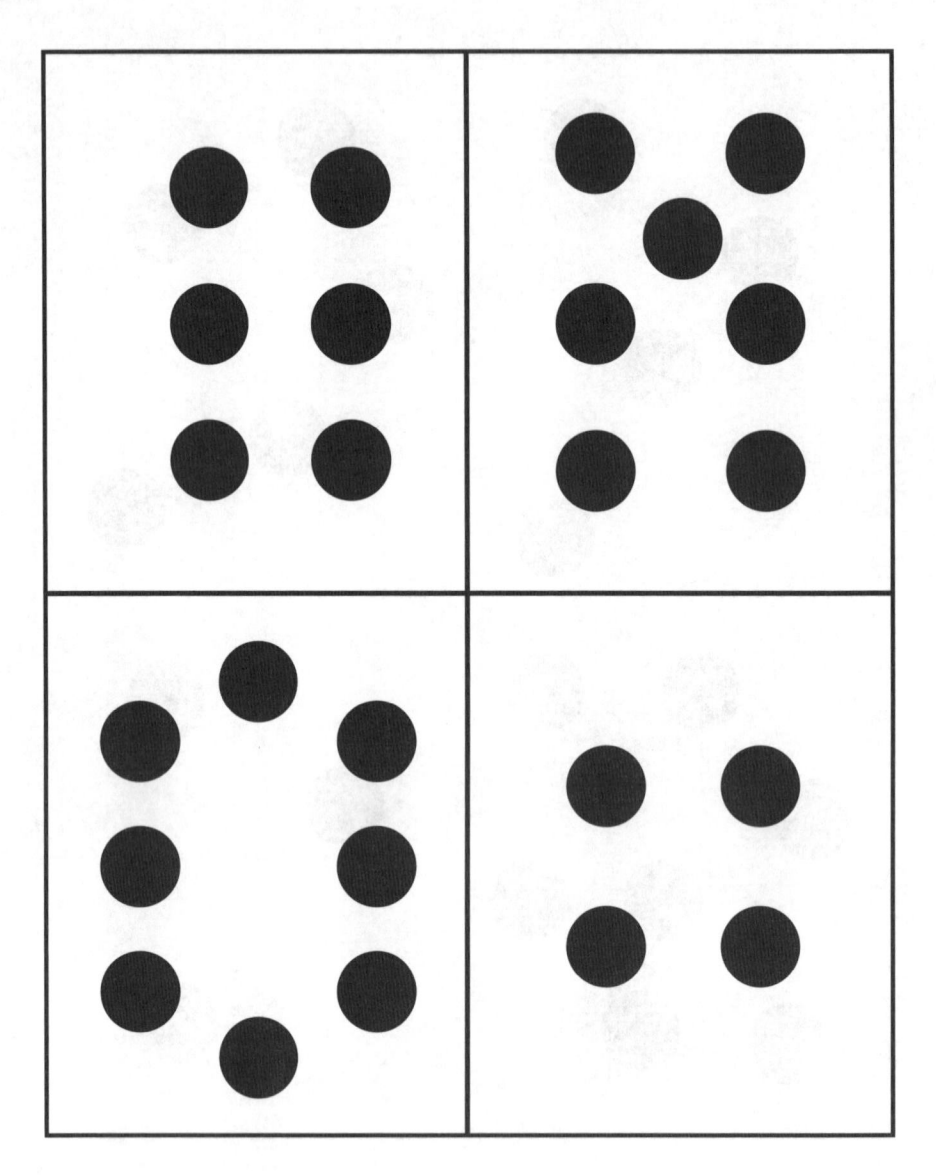

Mentalidades matemáticas na educação infantil, de Jo Boaler, Jen Munson e Cathy Williams.
Copyright 2024 – Penso Editora Ltda.

 QUAL TEM MAIS?

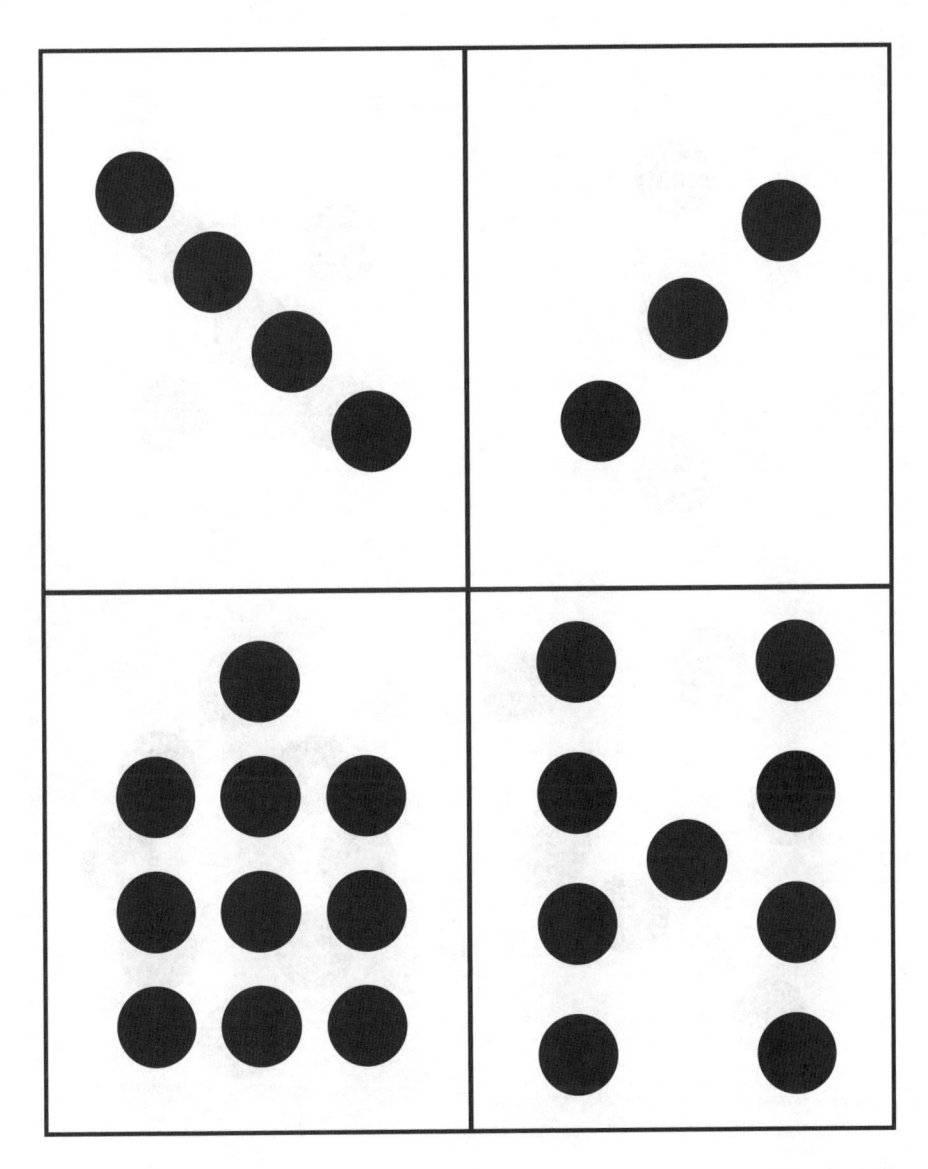

Mentalidades matemáticas na educação infantil, de Jo Boaler, Jen Munson e Cathy Williams.
Copyright 2024 – Penso Editora Ltda.

 ## QUAL TEM MAIS?

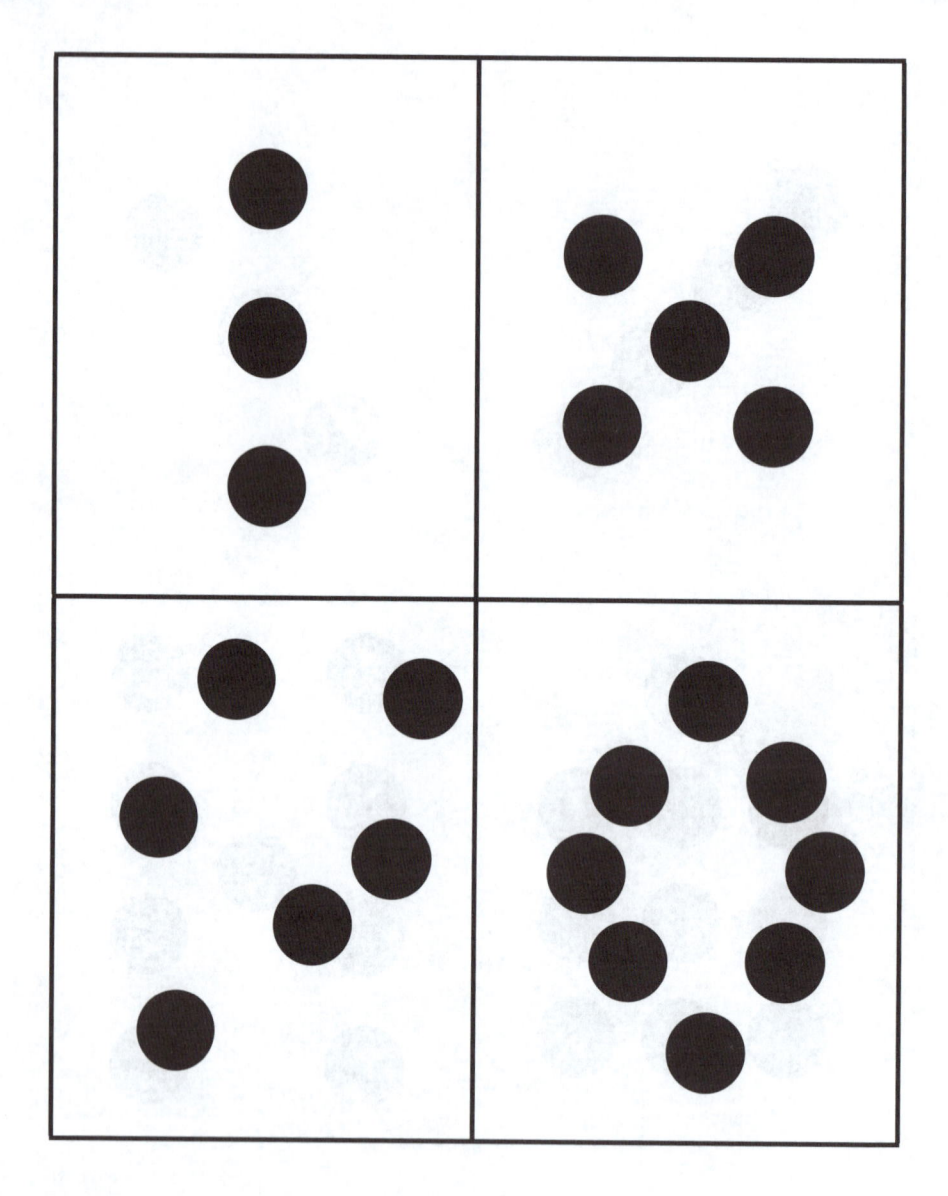

Mentalidades matemáticas na educação infantil, de Jo Boaler, Jen Munson e Cathy Williams.
Copyright 2024 – Penso Editora Ltda.

QUAL TEM MAIS?

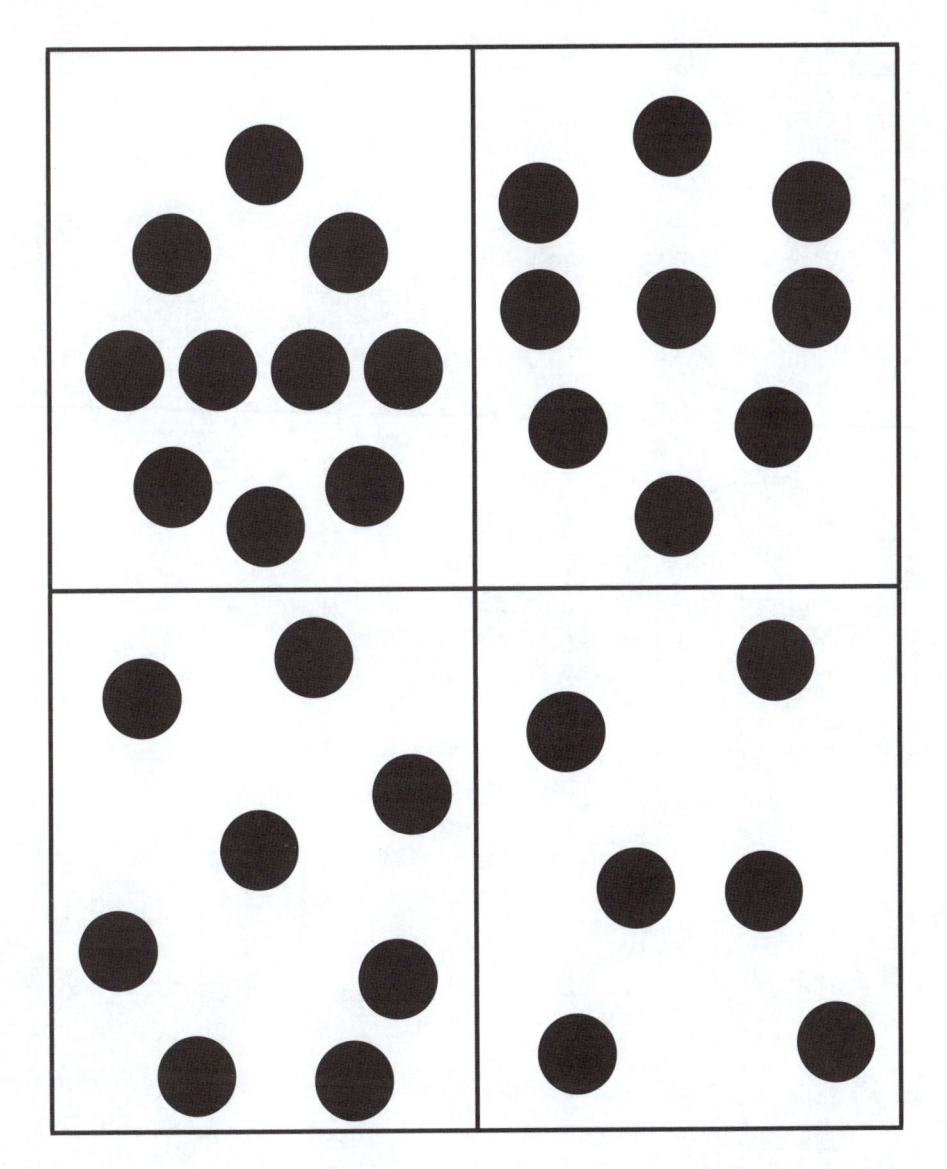

Mentalidades matemáticas na educação infantil, de Jo Boaler, Jen Munson e Cathy Williams.
Copyright 2024 – Penso Editora Ltda.

FAÇA SUAS PRÓPRIAS CARTAS

Mentalidades matemáticas na educação infantil, de Jo Boaler, Jen Munson e Cathy Williams.
Copyright 2024 – Penso Editora Ltda.

JUNTANDO OS NÚMEROS

Em nossas atividades anteriores, os alunos conheceram e interagiram com os números por meio do trabalho com pontos e seus dedos. Essas são atividades importantes de fundação. Nesta grande ideia, ampliamos a compreensão das crianças sobre os números e o importante desenvolvimento do senso numérico por meio do trabalho com contagem e adição. É importante que essas atividades sejam visuais e ajudem a construir os caminhos cerebrais interativos que acontecem quando itens visuais são conectados com números. Sabemos pelas pesquisas que a compreensão numérica mais importante que os estudantes precisam ter é a flexibilidade numérica; quando são flexíveis com os números, eles conseguem dividi-los e ser lúdicos com eles (Boaler, 2019). Em vez de somar 7 e 4, um aluno pode decidir somar 5 e 2 e 4, dividindo o 7 em um 5 e um 2. Alguns adotam o pensamento escolar de que os números são inflexíveis, que eles só estão aí para serem usados com regras e que se você recebe um 7 você precisa usar um 7. Esse tipo de pensamento limita o desenvolvimento matemático e é muito importante que os estudantes aprendam que podem atuar sobre os números e ser flexíveis com eles. Quando os estudantes ingressarem no domínio da adição, mantenha como objetivo a criação de oportunidades para que sejam flexíveis com os números que estão usando.

Em nossa atividade **Visualize**, os alunos verão uma pirâmide de blocos e serão solicitados a continuar o padrão de crescimento. Eles notam e descrevem o padrão de crescimento e trabalham para entender a forma como ele cresce adicionando um número diferente a cada vez. Veja se os estudantes notam que o padrão mantém sua forma enquanto cresce e peça-lhes para pensar sobre o número que eles adicionam a cada vez. Esse é um padrão que pode gerar um pensamento incrível na educação infantil.

Na atividade **Brinque**, os estudantes trabalham com dados. Essa é uma bela maneira de verem os números como padrões de pontos e se divertirem enquanto estão pensando sobre eles. Também é uma atividade que traz as crianças para o mundo da ciência dos dados, enquanto geram seus próprios dados a partir do uso destes. Você pode conversar sobre a importância dos dados no mundo (para mais informações, veja https://www.youcubed.org/pt-br/resource/ciencia-de-dados/). Os alunos jogam os dados e os marcam em uma reta numérica – outra ferramenta matemática importante que introduzimos para ajudá-los a desenvolver o senso numérico (K-12 [...], [2018]).

Compartilhamos a atividade **Investigue** em nosso *website* do Youcubed e ela é muito querida por professores e alunos. Os estudantes serão convidados a fazer seu próprio desfile. A combinação de todos os desfiles pode formar um belo expositor de parede com muitas maneiras diferentes de ver o 10. Esse é um ótimo começo para o desenvolvimento da flexibilidade numérica.

Jo Boaler

REFERÊNCIA

BOALER, J. Developing mathematical mindsets: the need to interact with numbers flexibly and conceptually. *American Educator*, v. 42, n. 4, 2019.

K-12 data science. *Youcubed*, [2018]. Disponível em: https://www.youcubed.org/resource/data-literacy/. Acesso em: 22 nov. 2023.

CRESCENDO CADA VEZ MAIS

Visão geral

Os alunos desenvolvem um padrão de pirâmide feita de quadrados, descobrindo quantos quadrados acrescentar e quantos quadrados compõem a pirâmide, para conectar as ideias contando e juntando os números.

Conexão com o CCSS
K.OA.1, K.OA.2, K.CC.5, K.CC.1, K.CC.2

Planejamento

Atividade	Tempo	Descrição/Estímulo	Materiais
Abertura	10-15 min	Mostre aos alunos a forma de pirâmide feita com quadrados e pergunte o que eles veem. Converse sobre como eles veem a forma e o número de blocos usados para construí-la. Discuta como você poderia aumentar a forma e quantos quadrados precisaria adicionar.	• Pastilhas quadradas ou blocos em múltiplas cores.
Explore	15-30 min	As duplas exploram maneiras de construir e desenvolver a forma de pirâmide. Enquanto desenvolvem o padrão, registram a figura, quantos quadrados adicionaram e quantos quadrados compõem a pirâmide completa.	• Pastilhas quadradas ou blocos, por dupla. • Folha de atividade Pirâmide e cores, por dupla.
Discuta	10-15 min	Os alunos compartilham suas maneiras de registrar o crescimento da pirâmide e o que notaram enquanto faziam acréscimos à figura. Discuta as estratégias desenvolvidas para encontrar o número total de quadrados na forma.	
Amplie	20+ min	As duplas planejam o desenvolvimento das formas com os quadrados. Elas trabalham para desenvolver o padrão, camada por camada, registrando a forma, o quanto adicionaram e quantos quadrados compõem a figura.	• Pastilhas quadradas ou blocos e cores, por dupla.

Para o professor

Enquanto você introduz ideias em torno da junção e da separação de números, recomendo muito que use o trabalho de instrução cognitivamente guiada (em inglês, *cognitively guided instruction* [CGI]), conforme descrito em *Children's Mathematics* (Carpenter *et al.*, 2015), que é baseada em décadas de pesquisa sobre como os alunos desenvolvem a compreensão conceitual de operações com números inteiros. Vemos a atividade Visualize e, na verdade, todas as atividades nesta grande ideia, como um complemento para a CGI, em que as crianças exploram uma variedade de tipos de problemas unidos e separados recorrendo a contextos familiares para eles. Como professor, você está mais bem posicionado para elaborar esses problemas baseado no conhecimento de seus alunos e da comunidade.

Nesta atividade, baseamo-nos em um exemplo verdadeiramente esplêndido da matemática espontânea que Angela Andrews e Paul Trafton (2002) descreveram em seu livro sobre matemática na educação infantil, *Little Kids – Powerful Problem Solvers*. Nessa experiência, os estudantes construíram torres de copos plásticos e tentaram descobrir quantos seriam necessários para chegar até o teto. Aqui, adaptamos essa ideia para construir um padrão de pirâmide com pastilhas quadradas ou cubos, aumentando ainda mais o padrão. Isso amplia infinitamente a gama de números que os estudantes estão adicionando, muito além do que os padrões requerem na educação infantil, mas não queremos limitar a exploração dos alunos. Alguns deles podem encontrar dificuldade à medida que os números ficam maiores, mas a contagem é um recurso importante para a adição, e esta atividade os estimulará a contarem grupos cada vez maiores, conectando os conceitos de adição e contagem. Não ceda à tentação de passar rapidamente para ideias de adição como uma operação; é suficiente explorar o que significa "acrescentar alguns quadrados" e descobrir quantos você tem agora.

ATIVIDADE

Abertura

Inicie a atividade construindo uma pirâmide com blocos que tenha três níveis, como

Pirâmide de três níveis feita de blocos de madeira.

a apresentada aqui. Você pode fazer isso em duas dimensões, com pastilhas quadradas, ou em três dimensões, com cubos.

Pergunte: o que vocês veem? Quantos blocos há? Discuta essas perguntas como faria em uma conversa de pontos, estando atento ao que os alunos notam sobre a estrutura dessa pirâmide e a quantos blocos eles contam. Certifique-se de que notem que a forma tem uma estrutura com três camadas, embora eles possam ver as camadas diferentemente. A maioria dos estudantes notará as camadas horizontalmente, mas alguns podem ver as camadas se movendo da esquerda para a direita, ou vice-versa.

Então, pergunte: como podemos fazer acréscimos a essa forma e fazê-la crescer? Diga aos alunos que você quer que a pirâmide continue tendo a mesma forma, só que maior. Dê a eles a chance de conversar com um colega sobre como e onde poderiam acrescentar novos blocos. Convide-os a se aproximar e mostrar como eles fariam isso usando blocos ou pastilhas extras. Os alunos podem adicionar uma fila inferior ou ao longo da borda de um dos lados.

Certifique-se de perguntar se eles têm outras maneiras de aumentar o padrão e discuta como sabem que aquela continua sendo a mesma forma.

Pergunte: quantos vocês acrescentaram? Quantos blocos há em seu novo padrão agora? Dê aos estudantes a chance de conversar entre si antes de lhes dizer que esse é seu desafio do dia. Eles irão aumentar a forma ou o padrão, uma camada de cada vez, tentando descobrir quantos blocos acrescentar e quantos há no padrão no total.

Explore

Forneça às duplas blocos e pastilhas quadradas, uma folha de atividade Pirâmide e cores. Certifique-se de que os alunos tenham acesso a um espaço suficientemente grande para construir suas pirâmides. As duplas usam as pastilhas ou os blocos para construir o padrão de pirâmide e, então, exploram as perguntas a seguir:

- Como podemos fazer acréscimos a esse padrão e aumentá-lo?
- Quantos blocos acrescentamos?
- Quantos blocos há em nosso padrão agora?

As duplas podem construir o padrão no tamanho que quiserem, registrando o processo na folha de atividade para mostrar como ele cresce e quantos blocos há. Os alunos podem contar um por um, contar a partir de um ponto ou tentar juntar os números; todas essas são estratégias apropriadas. Se eles quiserem fazer sua pirâmide maior do que o papel, cole folhas adicionais para apoiar o registro.

Discuta

Reúna os alunos e convide-os a compartilhar os registros de sua pirâmide. Discuta os padrões que eles encontraram usando as perguntas a seguir:

- O que acontece quando vocês fazem acréscimos a esse padrão?
- Quantos blocos vocês acrescentaram? Quantos havia na pirâmide?
- Como vocês sabiam quantos blocos acrescentar?
- Que estratégias vocês usaram para descobrir quantos blocos havia em toda a pirâmide?

Certifique-se de chamar a atenção para as estratégias que os estudantes usaram para descobrir quantos blocos foram utilizados em toda a pirâmide de cada vez. Por exemplo, alguns podem ter contado a forma inteira a cada vez; outros podem ter usado o que aprenderam na contagem da camada anterior.

Amplie

Convide os alunos a criar seus próprios padrões com os quadrados, como escadas ou espinha de peixe, e, depois, diga para aumentarem esse padrão. Forneça acesso a pastilhas quadradas ou cubos, papel e cores. As crianças primeiro constroem o início de um padrão com blocos e, então, tentam desenhá-lo. Depois, cada vez que aumentam a forma, as duplas pensam sobre quantos quadrados precisarão acrescentar e descobrem quantos quadrados têm ao todo. Encoraje-as a desenvolver formas de registrar seus padrões, suas contagens e seu pensamento.

Fique atento

- **Os alunos estão vendo a estrutura da pirâmide?** Na abertura e enquanto os observa trabalhando, você deverá prestar atenção a como eles veem a estrutura da pirâmide. Os alunos precisarão reconhecer que cada fileira da pirâmide aumenta uma unidade, seguindo a contagem dos números. Independentemente de como eles veem a pirâmide crescendo, seja acrescentando fileiras na base, seja acrescentando camadas à esquerda ou à direita, a primeira camada tem um bloco, a segunda camada tem dois blocos, a terceira camada tem três blocos, e assim por diante. Os blocos são organizados em um padrão escalonado, o que pode ser desafiador para eles notarem e reproduzirem. Inicialmente, eles podem notar apenas que cada camada ou cada fileira é maior do que a última e podem construir cada camada crescendo de dois em dois em vez de um em um, de modo que os blocos se alinhem. Chame a atenção dos estudantes de volta para a folha de atividade Pirâmide ou para a forma que você criou e peça-lhes que comparem o que fizeram com a forma original. Pergunte: qual a semelhança entre elas? Elas são diferentes de alguma maneira?

- **Como os alunos estão descobrindo o número de quadrados na pirâmide? Eles estão contando um a um ou a partir de um número?** Preste atenção às duplas enquanto conversam sobre quantos quadrados há em cada fileira e, particularmente, no padrão inteiro. Muitos estudantes considerarão que encontrar o número total de quadrados é uma tarefa de contagem, iniciando pelo topo da pirâmide e contando todos os quadrados

novamente a cada vez. Igualmente, alguns podem acrescentar à pirâmide uma fileira de quadrados até que ela pareça correta e, então, contar quantos acrescentaram. Alguns podem usar padrões para predizer quantos quadrados serão necessários em uma fileira, e outros podem contar o total, contando a partir de algum ponto na pirâmide. Por exemplo, eles podem usar sua contagem a partir da rodada anterior como um ponto de partida ou usar o conhecimento de que havia 6 quadrados na pirâmide original de três camadas, contando a partir dali. Pergunte aos estudantes o que eles estão fazendo e, então, convide-os a compartilhar essas ideias durante a discussão. Esse é o começo do uso de estruturas do número para ir além da contagem.

- **Como os alunos lidam com o padrão quando ele fica maior?** Se os estudantes continuarem a aumentar a pirâmide para seis camadas, eles terão mais do que 20 quadrados na figura, com cada camada adicional fazendo o total aumentar ainda mais e mais rápido. Para alguns, isso representará um desafio interessante para a contagem, e você poderá descobrir que eles têm perguntas como "O que vem depois de 39?". Ajude-os no uso da contagem oral da sequência e, se tiver uma reta numérica ou outros recursos na sala, indique-os como referência. Para outros, números maiores podem ser frustrantes. Encoraje-os a continuar construindo a pirâmide e a descobrir quantos quadrados há em cada fileira que eles acrescentam. Você também pode pedir que rotulem sua contagem dos quadrados até que não tenham certeza do que escrever. Isso fornece dados úteis de avaliação formativa sobre sua habilidade de contar, a qual continuará a crescer à medida que eles tiverem oportunidades de ampliar seus horizontes de contagem.

Reflita

Que estratégias vocês encontraram para descobrir quantos quadrados havia em sua forma?

REFERÊNCIAS

ANDREWS, A. G.; TRAFTON, P. R. *Little kids–powerful problem solvers:* math stories from a kindergarten classroom. Portsmouth: Heinemann, 2002.

BOALER, J.; MUNSON, J.; WILLIAMS, C. *Mindset mathematics*: visualizing and investigating big ideas, grade K. New York: John Wiley & Sons, 2020.

CARPENTER, T. *et al. Children's mathematics:* cognitively guided instruction. Portsmouth: Heinemann, 2015.

 **PIRÂMIDE**

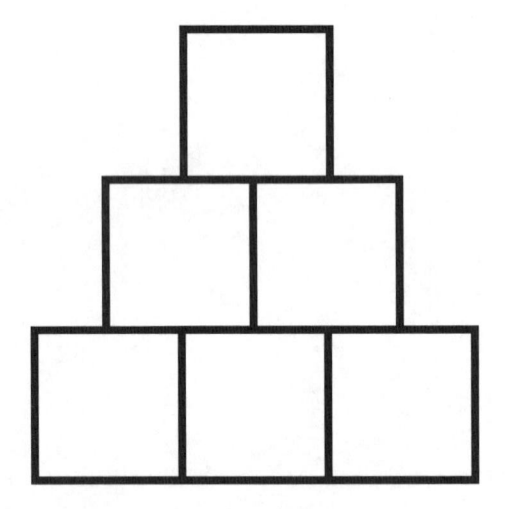

Mentalidades matemáticas na educação infantil, de Jo Boaler, Jen Munson e Cathy Williams.
Copyright 2024 – Penso Editora Ltda.

ROLE OS DADOS

Visão geral

Com base em subitização, os alunos desenvolvem estratégias para juntar números jogando Role os Dados e usando um gráfico de linha para registrar o número total tirado.

Conexão com o CCSS
K.OA.1, K.CC.5, K.OA.5, K.CC.3, K.MD.3

Planejamento

Atividade	Tempo	Descrição/Estímulo	Materiais
Abertura	10-15 min	Apresente os dados aos alunos. Pratique maneiras seguras de jogá-los. Colha observações dos estudantes sobre os dados, incluindo o número de pontos em cada face. Jogue Role os Dados no grande grupo e mostre aos alunos como usar o gráfico de linha para registrar o número que eles tiraram.	• Dado, um por aluno. • Folha de atividade Gráfico de Linha para Role os Dados, para mostrar. • Cores. • Opcional: quadro e marcadores.
Brinque	20+ min	As duplas jogam Role os Dados, trabalhando em conjunto para descobrir quantos pontos tiraram nos dois dados. Usam a folha de atividade Gráfico de Linha para registrar o número de pontos que rolaram, jogando até que tenham tirado todos os valores de 2 a 12. Os alunos fazem observações sobre o gráfico de linha.	• Dados, dois por dupla. • Folha de atividade Gráfico de Linha para Role os Dados e cores, por dupla.
Discuta	10 min	Discuta as estratégias que os estudantes usaram para descobrir quantos pontos eles tiraram no par de dados. Examinem juntos os gráficos de linha e façam observações.	
Amplie	15-45 min	Transforme Role os Dados em um jogo que as duplas possam jogar em uma estação ou um centro de aprendizagem. Você pode ampliá-lo para ser jogado com três dados e convidar os alunos a desenvolver sua própria folha de atividade para registrar os resultados. Discuta as diferenças que surgirem quando jogarem três dados e quais as novas estratégias que precisam para descobrir o número total de pontos tirados.	• Dois ou três dados, por dupla. • Papel para o Gráfico de Linha para Role os Dados ou papel quadriculado (veja o Apêndice).

Para o professor

Nesta atividade, estamos nos baseando no trabalho de subitização que os estudantes vêm desenvolvendo durante as conversas de pontos para introduzi-los nos dados. Dados são um objeto cultural com arranjos consistentes de pontos. Nos Estados Unidos e no Brasil, os pontos são dispostos nos dados como mostrado na figura, mas, em outras culturas, talvez eles sejam organizados de maneira diferente. Se você tiver alunos cujas famílias têm tradições culturais diferentes com os dados, encorajamos a convidá-las para mostrar aos alunos as diferentes maneiras como os números podem ser representados, assim como você faria com uma conversa de pontos.

Os dados encorajam a subitização quando os estudantes aprendem a reconhecer a organização familiar de cada número e os padrões entre os números. Eles notarão, por exemplo, que o 3 é uma extensão do 2 e que o 5 e o 6 são construídos a partir do 4. Ao jogar dois dados e descobrir quantos pontos eles têm ao todo, os alunos começam a juntar os números, mas têm objetos individuais – os pontos – para contar, em vez de se defrontarem somente com numerais. Os estudantes podem desenvolver estratégias visuais e de contagem para juntar os grupos de pontos, o que encorajamos você a discutir com eles depois que tiveram a chance de jogar o jogo.

ATIVIDADE

Abertura

Inicie a atividade apresentando os dados aos alunos, caso eles ainda não os tenham usado em sua aula. Você pode perguntar se eles já usaram dados antes e o que sabem a respeito. Mostre como jogar os dados com segurança e lhes dê a oportunidade de praticar. Convide-os a examinar os dados e a fazer observações. Você pode fazer um quadro para registrar suas observações sobre os dados, incluindo o número de pontos em cada face.

Jogue Role os Dados no grande grupo para que os estudantes entendam o processo de jogar, discutir e registrar. Mostre como usar o gráfico de linha para registrar o número tirado. Os alunos podem marcar os quadrados acima de cada número com um X ou colorir o quadrado. Diga que, depois que tiverem jogado o jogo muitas vezes, eles poderão usar esse registro para ver que números tiraram.

Brinque

Forneça às duplas um par de dados e uma folha de atividade Gráfico de Linha para Role os Dados. As duplas jogam o jogo rolando dois dados e discutem as perguntas a seguir:

- Quantos pontos há nos dados ao todo?
- Como sabemos?

As crianças marcam a folha de atividade Gráfico de Linha para Role os Dados com o número total de pontos tirados e continuam rolando os dados até obterem todos os números de 2 a 12 no gráfico de linha.

Fonte: Shutterstock.com/Krisztian.

Discuta

Reúna os alunos para discutir as perguntas a seguir:

- Como vocês sabiam quantos pontos tiraram? (Convide-os a compartilhar as estratégias.)
- Quando vocês estavam tentando obter todos os números em seu gráfico de linha, o que aconteceu?

Nessa discussão, certifique-se de enfatizar as maneiras como os alunos estavam contando, subitizando ou simplesmente reconhecendo o número de pontos na face de cada dado. Ao juntar os dois dados, os estudantes podem ter usado uma variedade de estratégias para unir os números, incluindo contar um a um, contar a partir de um determinado ponto ou usar fatos conhecidos, como saber quanto é um mais algum número ou que 2 e 2 são 4.

Examinem juntos os gráficos de linha. Você poderá afixá-los em um espaço para exibição ou escolher alguns para representar o trabalho da turma. Convide os alunos a examinar o que as diferentes duplas obtiveram quando participaram do jogo. Pergunte: o que vocês notam? Essa conversa serve como uma introdução para o exame dos dados. Não é nosso objetivo que os estudantes cheguem a conclusões sobre por que alguns valores são mais frequentemente representados do que outros. Em vez disso, encoraje-os a simplesmente fazer observações e perguntas.

Amplie

Faça de Role os Dados um jogo que os alunos possam jogar com um colega em uma estação ou um centro de aprendizagem. Eles podem jogar repetidamente para desenvolver fluência com subitização e junção e para explorar os padrões que a turma observou nos dados. O jogo pode ser ampliado para incluir três dados, mas note que a folha de atividade Gráfico de Linha para Role os Dados não será suficiente. Os alunos podem criar sua própria folha de registro usando papel quadriculado (veja o Apêndice), o que por si só já é uma exploração. As duplas verificam as perguntas a seguir:

- Quantos pontos vocês podem obter com três dados?
- O que acontece quando vocês jogam este jogo repetidamente? O que vocês notam no gráfico de linha?
- O que é diferente ao jogar com três dados? O que é igual?
- De que novas estratégias vocês precisam para descobrir quantos pontos há?

Fique atento

- **Os estudantes estão subitizando?** Fique atento a exemplos de subitização. Você pode ouvir os alunos reconhecendo o dado inteiro dizendo "É 2" ou decompondo o dado em partes. Por exemplo, eles podem ver o 6 como 3 e 3. Um dos objetivos de trabalhar com dados é que os arranjos dos pontos se tornem gradativamente mais familiares e, por fim, ferramentas úteis para decompor grupos de objetos. Se você notar que não estão subitizando, é importante mencionar. Quase todos os alunos reconhecerão 1 e 2, mas você poderá ver alguns contando mesmo esses números. Se isso ocorrer, você pode fazer perguntas para investigar, como: existe uma maneira de saber quantos há sem contar? Notei que vocês contaram os pontos 1 e 2. Por que decidiram fazer isso? Alguns alunos podem contar simplesmente como uma verificação; outros podem fazer isso como o começo de uma estratégia de contar um por um em cada par de dados.

- **Que estratégias de junção os alunos estão tentando com diferentes números?** Trabalhar com dados oferece a oportunidade de juntar números sem que eles sejam representados por numerais. Em vez disso, os estudantes têm dois grupos de pontos que podem contar. Você pode ver uma variedade de estratégias, incluindo contar um por um; mesmo quando reconhecem os dados individuais, por exemplo, 2 e 3, eles ainda podem retornar para contar um por um: 1, 2, 3, 4, 5. Quanto mais oportunidades os alunos tiverem de contar um por um, mais agitados ficarão com esse método, evoluindo para a estratégia mais eficiente de contar a partir de um determinado ponto. Procure exemplos em que os estudantes contam a partir de um ponto para compartilhar com a turma, como quando eles veem 2 e 3 nos dados e contam 2, 3, 4, 5. Eles também podem transferir os pontos para seus dedos, contando um por um ou a partir de um ponto, usando os dedos no lugar dos pontos. Ainda que isso possa parecer um ato simples, é um tipo de abstração que será útil no futuro e que vale a pena mencionar. Você também pode observar algumas estratégias de junção, seja com base nos dados, seja com a utilização de fatos conhecidos. Por exemplo, eles podem ver que um 2 e um 3 são iguais a 5 quando juntados, ou podem saber que 2 e 2 são 4. Essas estratégias representam uma trajetória das maneiras como os estudantes po-

dem se engajar na junção dos pontos, e eles precisam de muitas oportunidades para evoluir na fluência com a junção de números.

- **Os alunos estão entendendo o que o gráfico de linha representa?** O gráfico de linha provavelmente é uma representação nova para os estudantes e pode exigir algum trabalho para interpretar. Eles precisarão entender que cada quadro acima de um número representa uma vez em que os dados totalizaram aquele número de pontos. Se não houver quadros marcados, isso significa que aquele valor ainda não saiu. Quando você conversar com as duplas, observe enquanto elas se movem para marcar seu valor. O numeral combina com o nome do número que atribuíram ao total? Eles estão marcando o próximo quadro disponível verticalmente, movendo-se a partir do número no alto da página? Peça que os alunos lhe contem sobre o que tiraram até o momento, usando o gráfico de linha como evidência. Eles são capazes de descrever o que significam as diferentes marcações? Se estiverem com dificuldades para usar essa ferramenta, retome o exemplo que vocês fizeram juntos na abertura e peça que recontem o que aconteceu. Ajude-os no registro de sua rolagem e a entender por que estão marcando aquele determinado espaço.

Reflita

Que estratégias foram mais úteis para descobrir quantos pontos vocês obtiveram ao todo? Por quê?

GRÁFICO DE LINHA PARA ROLE OS DADOS

								12
								11
								10
								9
								8
								7
								6
								5
								4
								3
								2

Mentalidades matemáticas na educação infantil, de Jo Boaler, Jen Munson e Cathy Williams.
Copyright 2024 – Penso Editora Ltda.

DESFILE DE PÉS

Visão geral

Os alunos criam múltiplas maneiras de compor e decompor 10, construindo desfiles em que os animais têm um total de 10 pés.

Conexão com o CCSS
K.OA.2, K.OA.4, K.OA.3, K.OA.1

Planejamento

Atividade	Tempo	Descrição/Estímulo	Materiais
Abertura	10-15 min	Discuta os desfiles e mostre aos alunos os animais que podem fazer parte deles. Cheguem a um acordo sobre quantos pés cada animal tem. Diga aos estudantes que eles farão desfiles de animais com um colega em que os animais tenham um total de 10 pés.	• Folha de atividade Animais do Desfile, para exibir.
Explore	20+ min	As duplas criam desfiles com 10 pés usando os Cartões do Desfile de Pés. Os alunos exploram os diferentes desfiles que podem fazer, como eles sabem que têm 10 pés e quais são os mais longos e os mais curtos.	• Cartões do Desfile de Pés. • Papel. • Fita crepe ou cola em bastão, por dupla.
Discuta	10-15 min	Convide-os a compartilhar alguns dos desfiles que fizeram e como sabiam que eles tinham 10 pés. Discuta o que as soluções têm em comum e o que as torna diferentes, incluindo diferenças no comprimento.	
Amplie	20-45 min	As duplas constroem novos desfiles de pés, com 10, 12, 15 ou 20 pés como objetivo. Discuta as maneiras como os alunos usaram 10 como uma referência para ajudá-los a criar desfiles com mais pés e as diferentes estratégias desenvolvidas.	• Cartões do Desfile de Pés. • Papel. • Fita crepe ou cola em bastão, por dupla.

Para o professor

Nesta atividade, convidamos os alunos a explorar as muitas maneiras como eles podem compor ou decompor 10. Os estudantes planejam desfiles com uma série de animais que, juntos, tenham um total de 10 pés. Oferecemos opções de animais com 1 (caracol), 2 (avestruz), 4 (alce), 5 (estrela-do-mar), 6 (joaninha) e 8 (polvo) pés. Usando esses animais, os alunos criam uma sequência para seu desfile com 10 pés ao todo. Alguns desfiles serão curtos, com apenas dois animais; outros podem ser mais longos, com 10 caracóis. Eles não representam todas as maneiras de decompor 10 em grupos de números, e isso pode surgir em suas conversas com a turma. Por exemplo, os estudantes podem notar que, se usarem um caracol, não há outro animal com o qual possam formar um par para obter 10 pés. Ou seja, não existe um animal com 9 pés. Esse pode ser um terreno fértil para discussão.

Embora tenhamos selecionado esses animais com a intenção matemática de oferecer muitas combinações interessantes, eles podem não ser os que mais entusiasmam os alunos. Se vocês estiverem estudando criaturas ou hábitats particulares em outras partes do dia, ou se houver espécies locais que gostaria de apresentar, você pode revisar os animais incluídos na tarefa. Encorajamos você a selecionar animais com 1, 2, 4, 5, 6 e, se possível, 8 pés.

Por fim, apesar de termos planejado essa investigação para explorar formas de decompor 10 devido ao papel que esse número desempenha em nosso sistema de valores, você pode ampliar esta tarefa mudando o número-alvo de pés no desfile. Na extensão, sugerimos 12, 15 ou 20 pés, mas os estudantes também podem escolher seu próprio número para investigar e representar de múltiplas maneiras.

ATIVIDADE

Abertura

Inicie a atividade dizendo aos alunos que eles farão um desfile de animais. Se não souberem o que é um desfile, ocupe algum tempo falando sobre como as pessoas marcham em um desfile para celebrar um feriado ou um evento. É possível que vocês tenham um desfile em sua própria comunidade para usar como exemplo.

Diga que, em seu desfile, em vez de pessoas caminhando, haverá animais. Apresente os animais entre os quais eles devem escolher mostrando a folha de atividade Animais do Desfile. Explique que há muitas diferenças entre esses animais e que uma das coisas que os torna diferentes é o número de pés que eles têm. Pergunte: quantos pés cada um desses animais tem? Dê aos alunos a chance de conversar com um colega e, então, discuta cada animal com toda a turma. Cheguem a um acordo sobre quantos pés cada animal tem. Identifique-os na folha de atividade Animais do Desfile.

Diga aos estudantes que seus desfiles devem ter um total de 10 pés. Eles podem escolher quaisquer animais, mas eles só podem ter 10 pés em cada desfile que fizerem – nem mais, nem menos.

Explore

Forneça às duplas Cartões do Desfile de Pés, papel e fita crepe ou cola em bastão. Usando os animais sugeridos, as duplas exploram as perguntas a seguir:

- Que animais podem compor um desfile de 10 pés?
- Qual é o desfile mais longo que vocês podem formar com 10 pés?
- Qual é o desfile mais curto que vocês podem formar com 10 pés?

As duplas fazem desfiles e anexam suas soluções ao papel. Convide-as a identificar os números de pés em cada animal. Elas podem trabalhar em conjunto para construir múltiplos desfiles, cada um em sua folha de papel e com um total de 10 pés.

Discuta

Reúna os alunos para discutir as perguntas a seguir:

- Como vocês formaram seu desfile para que ele tivesse exatamente 10 pés?
- Que diferentes desfiles podem ser formados com 10 pés? (Convide-os a compartilhar alguns de seus desfiles e como sabiam que tinham 10 pés.)
- O que suas diferentes soluções têm em comum?
- Algum dos desfiles é muito diferente? Em que aspecto?
- Quais são os desfiles mais curtos que formamos? Por que eles são tão curtos?
- Quais são os desfiles mais longos que formamos? Por que eles são tão longos?

Você pode querer designar um espaço de exposição para os desfiles onde poderá agrupá-los para mostrar as semelhanças e as diferenças ou organizá-los por tamanho. Durante essa discussão, enfatize as diferentes maneiras como os alunos pensaram sobre compor ou decompor 10. Eles podem ter notado combinações de animais particulares que funcionariam bem juntas ou padrões, como "Todos os desfiles com o polvo são curtos".

Amplie

Faça dessa atividade um centro ou uma estação de aprendizagem e mude o número de pés no desfile – considere tentar 12, 15 ou 20 pés. Observe que números ímpares pressionarão os alunos a usarem o caracol ou a estrela-do-mar, ao passo que números pares não requererão esses animais. Você pode criar um espaço para exibição dos desfiles de diferentes comprimentos, tendo um quadro

para desfiles de 12 pés e um quadro para desfiles de 20 pés. Certifique-se de discutir com os alunos como eles tiveram que pensar de maneira diferente para construir os desfiles com mais pés e observar como poderiam usar 10 como referência para criar desfiles com mais pés. Por exemplo, os estudantes podem encontrar soluções para o desfile de 10 pés e simplesmente acrescentar dois caracóis ou um avestruz para formar 12 pés ou duplicar um desfile de 10 pés para formar um desfile de 20 pés.

Fique atento

- **Os alunos estão prestando atenção com precisão ao número de pés?** Para resolver esse problema do desfile, os estudantes precisarão entender quantos pés cada animal tem e focar a atenção neles, e não em outras características, como o número de animais. Observe-os enquanto trabalham para construir seus desfiles e preste atenção a como contam ou consideram o número de pés. Você pode vê-los tocando cada pé, referindo-se às identificações que você fez na folha de atividade Animais do Desfile ou tocando um animal enquanto dizem o número de pés. Interfira imediatamente se notar que os alunos estão focados no número de animais em vez de no número de pés ou se perceber que eles interpretam mal quantos pés tem um determinado animal.
- **As crianças estão usando o mesmo animal mais de uma vez?** Às vezes, os estudantes presumem que só podem usar cada animal uma vez, porém muitas outras soluções (e algumas matematicamente interessantes) são possíveis se eles entenderem que podem usar o mesmo

animal várias vezes. Por exemplo, é útil ver que duas estrelas-do-mar, com 5 pés cada uma, formam um desfile de 10 pés. Observe os desfiles que os alunos estão construindo e, se notar que não há animais repetidos, faça perguntas como: vocês acham que poderiam formar um desfile inteiro com um único tipo de animal? Certifique-se de que eles entendam que isso é permitido e até mesmo encoraje como um modo de pensar sobre os números.

- **Que combinações os alunos estão criando que podem ser maneiras úteis de pensar sobre 10?** Aprender a decompor 10 é um conceito central na educação infantil e além, ajudando os estudantes a pensarem em maneiras de juntar e separar os números usando o valor de posição. Cada vez que os estudantes têm um desfile que está quase terminado e se perguntam quantos pés ainda são necessários para formar 10, eles estão se engajando em trabalho matemático crítico. Além disso, algumas das combinações que descobrem são matematicamente muito úteis em longo prazo. Por exemplo, eles precisam conhecer combinações de 10 que podem ver aqui, como 5 e 5, 4 e 6, e 2 e 8. Combinações repetidas são o início do pensamento multiplicativo, como descobrir que cinco animais com 2 pés formam 10. Certifique-se de que tenham a oportunidade de compartilhar esses tipos de combinações e como pensaram nisso para preencher a lacuna entre o número de pés que tinham em um desfile e o 10 que precisavam.

Reflita

Como vocês escolheram os animais para seu desfile de pés?

ANIMAIS DO DESFILE

Mentalidades matemáticas na educação infantil, de Jo Boaler, Jen Munson e Cathy Williams. Copyright 2024 – Penso Editora Ltda. *Fonte:* Shutterstock.com/Aratehortua.

CARTÕES DO DESFILE DE PÉS

Mentalidades matemáticas na educação infantil, de Jo Boaler, Jen Munson e Cathy Williams.
Copyright 2024 – Penso Editora Ltda. *Fonte*: Shutterstock.com/Aratehortua.

CARTÕES DO DESFILE DE PÉS

Mentalidades matemáticas na educação infantil, de Jo Boaler, Jen Munson e Cathy Williams. Copyright 2024 – Penso Editora Ltda. *Fonte*: Shutterstock.com/Aratehortua.

DESCREVENDO E CLASSIFICANDO OBJETOS

As demandas matemáticas do mundo moderno mudaram drasticamente nas últimas décadas, mas a matemática que ensinamos nas escolas não mudou muito. Uma das áreas da matemática que é realmente importante para o futuro das crianças é a ciência dos dados. Incríveis 90% dos dados no mundo foram produzidos nos últimos dois anos, o que nos dá uma noção do mundo em constante mudança no qual nossos alunos estão ingressando (para mais informações, veja https://www.youcubed.org/pt-br/resource/ciencia-de-dados/) (K-12 [...], 2018). Todos os grandes empregadores contratam cientistas de dados, e 7 em cada 10 das profissões com crescimento mais acelerado têm a palavra *dados* em sua descrição. Os métodos matemáticos que ajudam os estudantes a ter uma compreensão dos dados e a começar uma jornada na ciência de dados estão no CCSS e em outros currículos, mas, com frequência, são ignorados pelos livros didáticos e por algumas escolas. A jornada da ciência dos dados inicia na educação infantil e as crianças devem ser encorajadas a desenvolver a noção de dados simultaneamente à noção de número. Esta grande ideia está centrada em um aspecto importante da noção de dados – o ato de classificar objetos, escolher atributos e ordenar.

Em nossas atividades nesta grande ideia, fazemos uma coisa que muitos livros não fazem: pedimos que os alunos escolham os atributos a partir dos quais eles ordenam os objetos que lhes apresentamos e justifiquem suas escolhas. A justificativa é outro ato matemático fundamental, algo em que as crianças da educação infantil frequentemente não têm experiência.* Depois que os estudantes escolheram como ordenar, eles registram sua classificação, que é outra parte importante da noção de dados.

Em nossa atividade **Visualize**, uma imagem é apresentada aos alunos, e eles devem compartilhar o que pensam, comunicando como pensam que os objetos estão classificados. Depois que experienciaram isso no grande grupo, recebem sua própria coleção de objetos para classificar. Um aspecto fundamental desta atividade é que os estudantes devem fazer escolhas e são solicitados a comunicá-las e a justificá-las. Eles também

---

* N. de R. T.: Estudos como o de Alan Schoenfeld e Deborah Stipek (2012) mostram que o desenvolvimento da justificativa ao fazer matemática também reflete maior desenvolvimento do processo de alfabetização, da linguagem e de habilidades socioemocionais. SCHOENFELD, A. H.; STIPEK, D. Math matters: children's mathematical journeys start early. *In:* REPORT OF A CONFERENCE HELD, 2011, November 7 and 8, 2011. Berkeley: Heising-Simons Foundation, 2012.

são solicitados a quantificar sua classificação e a fazer o registro de alguns dados.

Nossa atividade **Brinque** é demonstrada depois da nossa lição popular do Youcubed – Classificando *emojis*. Os alunos recebem um conjunto de *emojis* que estão nos cartões individuais para classificar de acordo com diferentes atributos, que podem incluir emoções. Eles fazem seus próprios cartões em uma apresentação para explicar como classificaram. É bom focar as descrições que os estudantes usam para explicar.

Na atividade **Investigue**, os estudantes classificam botões. Primeiramente, eles veem uma imagem de uma classificação de botões que outra criança organizou. Então, são convidados a classificar os botões de sua própria maneira, mais uma vez comunicando os atributos que escolheram. Uma forma de *muffins* pode ser útil, pois possibilita visualizar os botões classificados.

Jo Boaler

REFERÊNCIA

BOALER, J.; MUNSON, J.; WILLIAMS, C. *Mindset mathematics*: visualizing and investigating big ideas, grade K. New York: John Wiley & Sons, 2020.

K-12 data science. *Youcubed*, 2018. Disponível em: https://www.youcubed.org/resource/data-literacy/. Acesso em: 22 nov. 2023.

CLASSIFICANDO MATERIAIS

Visão geral

Os alunos exploram atributos desenvolvendo maneiras de classificar materiais escolares em grupos.

Conexão com o CCSS
K.MD.3, K.MD.1, K.MD.2, K.CC.6

Planejamento

Atividade	Tempo	Descrição/Estímulo	Materiais
Abertura	5-10 min	Mostre aos alunos a imagem Materiais Classificados e discuta o que significa classificar ou organizar objetos. Os estudantes fazem observações sobre como esses materiais são classificados, notando que o tipo, o tamanho e a cor estão envolvidos.	• Folha de atividade Materiais Classificados, para exibir.
Explore	20-30 min	As duplas desenvolvem estratégias para classificar uma pequena bolsa plástica com materiais misturados. Os alunos desenham e contam os objetos em cada grupo que formaram e comparam o número de objetos em cada grupo.	• Uma pequena bolsa plástica de materiais misturados (como clipes de papel, moedas, borrachas, elásticos ou prendedores de papel), por dupla, com alguns extras. • Disponibilize recipientes para classificar, como copos ou tigelas. • Recursos para registro, como papel e lápis.
Discuta	10+ min	Discuta as diversas maneiras como os alunos classificaram ou poderiam ter classificado seus objetos, destacando os diferentes atributos que eles usaram. Os estudantes compartilham como contaram, representaram e compararam os grupos que formaram.	
Amplie	Contínuo	Crie uma estação ou um centro de aprendizagem com uma grande coleção de objetos misturados para os alunos classificarem colaborativamente ao longo de um dia ou da semana. Discuta no grande grupo, em algum momento, como eles decidiram classificar e por que e que outras maneiras de classificar eles tentaram.	• Grande coleção de itens misturados para classificar. • Recipientes para classificar, como copos ou tigelas.

Para o professor

Para esta atividade, você vai precisar preparar pequenas bolsas com materiais para os alunos classificarem, de modo que tenha pelo menos o mesmo número de bolsas que de duplas em sua turma. As bolsas devem conter no mínimo três categorias de itens (como clipes de papel, borrachas, prendedores de papel, elásticos, ímãs, clipes de papel coloridos ou moedas) e não mais do que 10 itens em cada categoria. Além da variedade de objetos, você deverá incluir alguns objetos que tenham diferenças em seus atributos, o que cria novas possibilidades para classificação. Por exemplo, você pode ter clipes de papel pequenos e grandes ou elásticos de diferentes cores. Os estudantes podem classificar os objetos pelo tipo, mas também por tamanho, cor, propósito ou mesmo material. Certifique-se de que as coleções não sejam todas iguais, para que quando os estudantes experimentarem novas coleções, novas formas de classificar sejam possíveis.

Encoraje-os a pensar em maneiras criativas de classificar e procure oportunidades de pressioná-los a classificar os grupos uma segunda vez. Ou seja, se os estudantes formaram um grupo grande de clipes de papel, você pode perguntar se há outra maneira de classificar os clipes em grupos. Esse tipo de classificação hierárquica, em que os objetos em um grupo compartilham múltiplos atributos (p. ex., são clipes de papel e grandes), é particularmente desafiador para crianças dessa idade. Quando os alunos fazem isso, no entanto, estão reconhecendo que cada objeto pode ter simultaneamente múltiplos atributos que interagem e se cruzam.

ATIVIDADE

Abertura

Inicie a atividade mostrando a imagem Materiais Classificados e falando sobre o que significa classificar ou organizar. Você pode dizer: estes materiais estão classificados (ou organizados). O que isso significa? Dê aos alunos a chance de conversar com um colega sobre o que *classificado* significa nesse exemplo e, então, discuta a ideia no grande grupo. Cheguem a um acordo de que classificar significa formar grupos de coisas que são semelhantes.

Pergunte: como eles estão classificados? O que vocês observam sobre como esses materiais estão agrupados ou organizados? Mais uma vez, dê a eles a chance de conversar com um colega e obtenha algumas ideias da turma. Os estudantes podem notar que os clipes de papel estão juntos, por exemplo, mas certifique-se de que eles também notem que atributos, como tamanho e cor, foram usados para formar os grupos.

Explore

Forneça às duplas pequenas bolsas plásticas com materiais escolares misturados e acesso a copos, tigelas ou outros utensílios para agrupar objetos como opções para ajudar em sua classificação. As duplas trabalham em conjunto para organizar a miscelânea, respondendo à pergunta "Como vocês poderiam organizar esses materiais?". As duplas precisarão discutir como classificar os objetos e chegar a um acordo quanto aos grupos que irão usar.

Uma coleção classificada de materiais.
Fonte: Shutterstock.com/Madlen.

Depois que as duplas classificaram os objetos em grupos, forneça recursos para que registrem seu pensamento, como papel e lápis. Os alunos exploram as perguntas a seguir:

- Quantos objetos há em cada grupo que vocês formaram? Como vocês podem registrar os objetos em cada grupo? (Encoraje-os a desenvolver figuras com identificações para representar cada grupo.)
- Qual grupo tem mais objetos? Qual grupo tem menos objetos? Como vocês sabem?

Embora encorajemos você a convidar os estudantes a desenhar seus grupos de objetos, para alguns deles isso pode ser uma sobrecarga para a motricidade fina, e alguns objetos são muito difíceis de desenhar. Use seu julgamento para decidir o que é apropriado nessa altura do ano. Em vez disso, você pode optar por tirar uma foto dos objetos classificados para que a imagem possa ser compartilhada com a turma.

Depois que os alunos classificarem e contarem, eles podem explorar mais uma vez fazendo o seguinte:

- Misturando seus objetos e encontrando uma nova maneira de classificá-los.
- Recebendo uma nova coleção para classificar, se você tiver objetos suficientes.
- Colocando seus objetos de volta na sacola, misturando-os e trocando de sacola com outro grupo.

Discuta

Reúna os alunos para discutir as perguntas a seguir:

- Como vocês decidiram classificar seus objetos? (Convide-os a mostrar como classificaram seus objetos e a falar sobre as decisões que tomaram.)
- Quais são os grupos que vocês formaram? (Certifique-se de enfatizar as diferentes maneiras como podem ter criado grupos. Eles podem ter formado grupos de todos os objetos que são iguais [p. ex., clipes de papel] ou ter usado um atributo [p. ex., feito de metal].)
- Vocês poderiam ter classificado seus objetos de mais de uma maneira? De que maneiras vocês poderiam ter feito isso?
- Como vocês contaram seus objetos depois que os classificaram? Que objetos havia em maior quantidade? E em menor quantidade? (Convide-os a compartilhar as representações que fizeram e como as usaram para descobrir quantos havia em cada grupo ou para comparar os grupos.)

Amplie

Faça uma estação ou um centro de aprendizagem com uma grande coleção de objetos misturados para os alunos visitarem e trabalharem juntos para criar um ou mais sistemas de classificação durante um dia ou uma semana. A coleção deve incluir pelo menos seis categorias de itens e até 20 itens em cada uma delas. Forneça tigelas, copos ou outros recipientes para classificar em grupos. Considere este um projeto colaborativo sobre o qual você pode conversar com a turma depois que a classificação estiver concluída ou

em algum momento ao longo do dia. Discuta as perguntas a seguir:

- Como nós decidimos classificar?
- Por que escolhemos essa maneira?
- Que grupos formamos?
- Que outras maneiras de classificar nós tentamos?

Use a discussão como uma oportunidade de destacar novos atributos que os alunos decidem usar para classificar ou exemplos de classificação dupla, em que os grupos são definidos por múltiplos atributos.

Fique atento

- **Os alunos estão usando atributos em vez de tipos de objetos para classificar?** Quando os estudantes são novatos na tarefa de classificação, faz sentido que eles comecem a classificar a partir das características mais óbvias dos objetos – seu tipo. Provavelmente, você os verá colocarem clipes de papel com clipes de papel e borrachas com borrachas. Apenas essa classificação inicial é trabalho cognitivo, pois eles precisam decompor um grupo misturado e ver que há grupos escondidos dentro dele. No entanto, à medida que ganham experiência, a classificação por tipo se tornará uma tarefa cognitiva muito mais simples. Você pode ver os estudantes prestando atenção a outros atributos, como tamanho, cor, material, textura ou mesmo função, como objetos de apertar. Certifique-se de destacá-los quando conversar com os alunos enquanto eles trabalham e durante a discussão. Se você notar estudantes que rapidamente classificam pelo tipo, pressione-os a identificar outras maneiras de classificar os objetos, a fim de que possam levar em consideração os atributos. Você pode dizer: estou vendo que vocês colocaram todos os clipes juntos, todas as borrachas juntas e todos os ímãs juntos. Essa é uma maneira de classificá-los. Vocês conseguem encontrar outra maneira?

- **Os alunos estão classificando por mais de um atributo?** Como mencionamos na seção Para o professor, classificar por múltiplos atributos é um salto conceitual importante que você deve procurar e encorajar quando surgirem oportunidades. Se, por exemplo, você deu aos estudantes um grupo de ímãs de diferentes tamanhos, formas e cores e eles os agruparam todos juntos, você pode perguntar: de que outra maneira vocês poderiam classificar os ímãs em grupos? Então, ajude-os na descrição dos novos grupos, como ímãs grandes e ímãs pequenos ou ímãs redondos e ímãs não redondos. Se você descobrir que os estudantes já estão classificando por mais de um atributo, certifique-se de discutir esses grupos com eles, destacando os múltiplos atributos que os grupos têm em comum e convidando-os a compartilhar esse pensamento durante a discussão.

- **Como os alunos estão comparando as quantidades em seus grupos?** Pedimos que os estudantes comparem as quantidades de objetos nos grupos formados. Eles também são solicitados a desenhar seus grupos e a nomeá-los. Isso proporciona vários pontos diferentes a partir dos quais podem fazer comparações e múltiplos recursos que podem usar, incluindo os próprios objetos e suas representações deles. Os estudantes estão determinando qual dos grupos tem mais ou menos, contando-os em voz alta? Ou, então, eles alinham os objetos lado a lado para comparar os grupos? Eles os comparam visualmente? Usam identificações com numerais em seus desenhos para comparar? Todas essas são diferentes maneiras de fazer comparações, e cada uma pode conduzir a diferentes tipos de erros. Por exemplo, se os estudantes comparam visualmente ou alinhando os objetos, eles podem ignorar diferenças em seu tamanho. Seis prendedores de papel podem parecer muito maiores do que oito clipes de papel, por exemplo. Comparar numerais é o mais abstrato desses métodos de comparação e, por essa razão, pode levar a erros simples ao esquecer quais numerais representam quais números. Converse com os alunos sobre como eles estão fazendo suas comparações entre dois grupos e, então, entre múltiplos grupos para descobrir qual deles tem mais ou menos. Preste atenção aos desafios que eles encontram e que você gostaria de discutir no grande grupo.

Reflita

Como vocês podem classificar objetos?

MATERIAIS CLASSIFICADOS

Mentalidades matemáticas na educação infantil, de Jo Boaler, Jen Munson e Cathy Williams. Copyright 2024 – Penso Editora Ltda. *Fonte*: Shutterstock.com/Madlen.

CLASSIFICANDO *EMOJIS*

Visão geral

Os alunos brincam com a classificação de *emojis* que demonstram diferentes emoções, e a turma trabalha em conjunto para deduzir como os outros os classificaram.

Conexão com o CCSS
K.MD.3

Planejamento

Atividade	Tempo	Descrição/Estímulo	Materiais
Abertura	5 min	Mostre aos alunos a folha de atividade Coleção de *Emojis* e convide-os a fazer observações sobre o que torna os *emojis* diferentes uns dos outros.	• Folha de atividade Coleção de *Emojis*, para exibir.
Explore	15-20 min	Forneça às duplas um conjunto de *emojis* recortados em cartões para que os classifiquem de múltiplas maneiras. Depois que os alunos exploraram diferentes maneiras de classificar os *emojis*, peça que os colem em grupos, mostrando como podem ser classificados.	• Folha de atividade Coleção de *Emojis*, recortada em cartões com *emojis* individuais, por dupla. • Cartolina e cola em bastão, por dupla.
Discuta	10-15 min	As duplas mostram seus grupos classificados, e a turma discute como eles acham que os grupos podem ser classificados. Peça que as duplas que estão compartilhando expliquem seu raciocínio e, então, acrescente rótulos de identificação para descrever cada grupo.	
Amplie	15-20 min	Transforme esta atividade em uma estação ou um centro de aprendizagem em que os alunos podem explorar novas maneiras de classificar os *emojis*. Eles podem modificar os *emojis* existentes ou criar os seus para ter novas possibilidades de classificação.	• Folhas de atividade Coleção de *Emojis*, recortadas em cartões com *emojis* individuais. • Folhas de atividade Faça Seu Próprio *Emoji*, recortadas em *emojis* individuais. • Cores. • Cartolina e cola em bastão.

Para o professor

Nesta atividade, fornecemos um conjunto de objetos para os alunos classificarem, *emojis*. As crianças podem ou não já ter visto esses símbolos antes, os quais são projetados para comunicar emoções particulares. Reserve um tempo da abertura para assegurar que todos percebam esses *emojis* como demonstrações de emoções, particularmente se eles não conhecem esses símbolos ou se têm dificuldade para ler emoções no rosto de outras pessoas. Esses *emojis* oferecem maneiras muito diferentes de classificação quando comparados com os materiais escolares na atividade Visualize. Aqui, os estudantes podem prestar atenção às emoções que estão sendo demonstradas e se elas são agradáveis (positivas) ou não (negativas). Eles também podem focar cada imagem como um desenho com (ou sem) características particulares. Os alunos podem notar, por exemplo, que as bocas podem estar abertas, fechadas ou ausentes. Igualmente, os olhos podem estar abertos, fechados ou piscando. Os *emojis* podem ou não incluir sobrancelhas ou óculos. Cada uma dessas observações oferece possibilidades para classificação. Nesta atividade, queremos que as crianças explorem múltiplas maneiras de classificar o mesmo grupo, o que elas podem não ter tido a chance de fazer com os materiais escolares.

A discussão é planejada para fazer os alunos se envolverem com as classificações uns dos outros e deduzirem o atributo que define cada grupo. Essa é uma tarefa muito difícil, para a qual achamos que os estudantes estarão mais preparados depois que tiverem classificado e reclassificado os mesmos *emojis*. Certifique-se de que quando você convidar os alunos a mostrarem suas classificações, eles saibam que ainda não devem explicá-las. Em vez disso, elas se tornam um enigma que a turma deve resolver. Você pode fazer perguntas para ajudar a discussão, como focar a atenção em apenas um grupo de *emojis* e perguntar: o que todos eles têm em comum?

ATIVIDADE

Abertura

Inicie a atividade mostrando aos alunos a folha de atividade Coleção de *Emojis*. Pergunte: o que vocês notam sobre esses *emojis*? O que os torna diferentes uns dos outros? Dê aos alunos a chance de conversar com um colega e, então, colete algumas observações da turma. Os estudantes podem notar diferenças nas emoções que os *emojis* representam ou em partes deles, como os olhos ou a boca.

Brinque

Forneça às duplas a folha de atividade Coleção de *Emojis* recortada em cartões com os *emojis* individuais. Pergunte: como vocês poderiam classificá-los em grupos? Enquanto circula pela sala, pergunte como eles decidiram um método para classificar os *emojis*. Eles podem classificar os *emojis* em dois ou mais grupos, dependendo dos atributos aos quais prestam atenção. Convide-os a classificar os *emojis* e, então, misture-os novamente e crie uma nova classificação para explorar as múltiplas maneiras de fazer isso.

Depois que os estudantes tiveram a chance de classificar algumas vezes, forneça às duplas uma folha de cartolina e cola em bastão. Peça que escolham uma maneira de classificar os *emojis* e os colem no papel nos respectivos grupos.

Discuta

Convide as duplas a mostrar seus *emojis* classificados sem explicar sua classificação. Discuta as perguntas a seguir com toda a turma:

- Como achamos que esses *emojis* estão classificados?
- Que grupos vocês veem?

Elaborem ideias em grupo sobre como eles podem ter sido classificados e, então, peça que a dupla que criou a classificação explique o que estava pensando quando os classificou. Acrescente um rótulo aos grupos que descreva como eles foram classificados, como "Olhos abertos" ou "Bons sentimentos".

Amplie

Crie uma estação ou um centro de aprendizagem para os estudantes continuarem a explorar maneiras de classificar os *emojis*. Você pode continuar a usar a coleção que fornecemos; substitua por adesivos com *emojis*, que estão amplamente disponíveis, ou convide os alunos a criar *emojis* usando a folha de atividade Faça Seu Próprio *Emoji*. Forneça cores, cartolina e cola em bastão.

Desafie as crianças a criar mais que dois grupos ao classificar os *emojis*. Encoraje-as a acrescentar novas características aos seus *emojis* ou aos *emojis* já existentes para criar novas maneiras de classificar. Por exemplo, podem acrescentar um chapéu ou nariz a alguns *emojis* para que possam classificá-los a partir dessas características. Eles podem colar seus grupos em cartolina e, então, identificar cada grupo com um nome descritivo.

Fique atento

- **Os alunos estão reclassificando os *emojis* usando atributos diferentes?** Depois que classificaram os *emojis* uma vez, eles podem relutar em misturá-los ou classificá-los usando um atributo diferente. Você pode notar que os estudantes simplesmente repetem a mesma classificação. Pergunte: quais são outras novas maneiras como vocês poderiam classificar esses *emojis*? Talvez você tenha que ser específico sobre o que os estudantes já fizeram para encorajá-los a tentar algo novo, como: vejo que vocês focaram esta classificação nos olhos. Ao que mais vocês poderiam prestar atenção para classificar de uma maneira diferente? Se os estudantes não quiserem perder suas maneiras de classificar, você pode fotografá-las para que eles saibam que elas não desapareceram.

- **Os alunos estão descobrindo o que os grupos de *emojis* têm em comum?** A discussão pode apresentar desafios – olhar para os grupos de objetos para determinar o que eles têm em comum requer algumas maneiras de pensar que as crianças ainda podem não ter exercitado. Por exemplo, os estudantes precisam formular perguntas específicas, como "Todos os olhos estão abertos ou fechados?", "O que está acontecendo com as bocas? Elas estão fazendo a mesma coisa?" ou "O que são esses sentimentos? Eles têm alguma coisa em comum?". Isso requer decompor os *emojis* em características para examinar e fazer isso com sistematização suficiente para que você possa se deparar com um atributo compartilhado. Embora não esperemos que as crianças individualmente sejam sistemáticas, como grupo elas podem ser capazes de fazer a si mesmas perguntas suficientes sobre as imagens para encontrar um atributo compartilhado, a menos que ele seja particularmente obscuro. Ao facilitar essa discussão, você pode achar útil pedir que os alunos compartilhem o que se questionaram e o que descartaram, não apenas o que funciona. Por exemplo, você pode perguntar: a que partes vocês prestaram atenção, mesmo que tenham descoberto que elas não tinham nada em comum neste grupo? Ao tornar mais públicas as perguntas que os estudantes se fazem, você os ajudará a se fazerem perguntas similares que podem ajudá-los a encontrar atributos compartilhados.

Reflita

Em que aspectos a classificação dos *emojis* foi diferente da classificação dos materiais?

COLEÇÃO DE *EMOJIS*

Mentalidades matemáticas na educação infantil, de Jo Boaler, Jen Munson e Cathy Williams.
Copyright 2024 – Penso Editora Ltda. *Fonte:* Shutterstock.com/DStarky.

FAÇA SEUS PRÓPRIOS *EMOJIS*

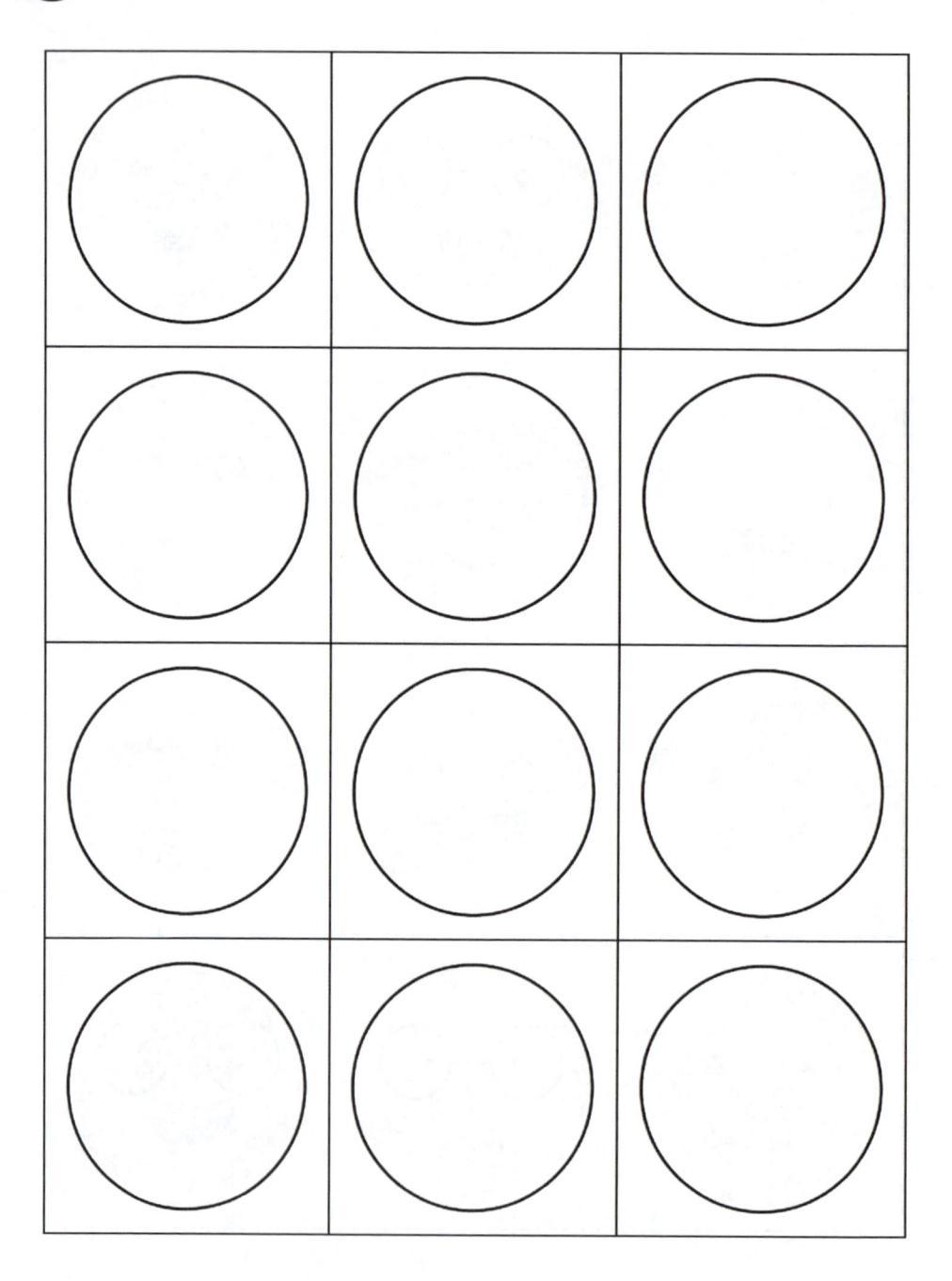

Mentalidades matemáticas na educação infantil, de Jo Boaler, Jen Munson e Cathy Williams.
Copyright 2024 – Penso Editora Ltda.

CLASSIFICANDO BOTÕES

Visão geral

Os alunos investigam os muitos atributos dos botões e criam grupos para classificar diferentes coleções de botões.

Conexão com o CCSS
K.MD.3, K.MD.1, K.MD.2, K.G.1, K.CC.6

Planejamento

Atividade	Tempo	Descrição/Estímulo	Materiais
Abertura	5-10 min	Dê um botão a cada dupla de alunos e peça-lhes que façam observações sobre ele juntos. No grande grupo, discutam algumas das características observadas e faça conexões entre os diferentes botões examinados. Destaque alguns dos atributos dos botões.	• Botões, um por dupla. • Opcional: quadro e marcadores.
Explore	20-30 min	As duplas examinam uma coleção de botões e discutem os grupos que podem formar. Juntos, classificam os botões em múltiplos grupos com base em seus atributos.	• Coleção de várias dúzias de botões, por dupla. • Formas de *muffins*, copos, tigelas ou recipientes para organizar os botões classificados.
Discuta	10-15 min	Discuta as diferentes maneiras que os alunos desenvolveram para classificar os botões, enfatizando as regras de classificação que usaram múltiplos atributos. Faça um quadro de atributos para classificar os botões.	• Quadro e marcadores.
Amplie	Contínuo (estação para classificar) ou 15 min (pequenos grupos)	Duas extensões possíveis: faça uma estação de classificação com uma grande coleção de botões para a turma classificar coletivamente durante o dia ou a semana ou realize uma atividade em pequenos grupos em que os alunos tentam descobrir como uma coleção de botões classificada foi agrupada.	• Coleção grande de botões. • Forma de *muffins*, copos, tigelas ou recipientes para organizar os botões classificados. • Recursos para identificação, como etiquetas adesivas ou fita adesiva. • Quadro de atributos dos botões a partir da discussão na exibição.

Para o professor

Nesta investigação, exploramos outro novo item que pode ser classificado em uma va-

riedade de maneiras – botões. Gostamos muito de botões para classificar porque eles têm muitos atributos e grandes quantidades podem ser compradas em lojas de artesanato ou em *sites* na internet com baixo custo. Depois que você tiver uma coleção de botões, eles poderão ser usados repetidamente durante anos. Em uma coleção de botões grande e diversificada, você encontrará botões que variam em cor, tamanho, formato, número de furos, textura, material e decoração. Os alunos também podem notar que alguns botões têm um rebordo elevado em torno da borda ou palavras impressas na superfície, enquanto outros não. Alguns podem ser brilhantes ou ter um acabamento perolado, enquanto outros são foscos. Alguns têm uma presilha na parte de trás, onde são costurados, enquanto outros têm furos. Alguns podem ser transparentes, com ou sem cor. O número de atributos é simplesmente imenso, e cada botão pode ser classificado em muitas dimensões.

Para cada dupla, você precisará preparar uma coleção de botões para classificar.

Cada coleção deve ter muitos botões diferentes, pelo menos várias dúzias, para que os alunos tenham muitas maneiras de classificar. É importante mencionar que os estudantes não precisam classificar a coleção inteira para esta atividade, ao contrário dos materiais escolares e dos *emojis* nas atividades anteriores. Eles podem simplesmente usar os botões como uma fonte para criar grupos com atributos particulares. Esse é o momento de encorajar o uso de muitas características. Vejamos, por exemplo, a classificação de botões que um aluno da educação infantil fez aqui. Algumas das categorias focam um único atributo, como "Botões grandes", enquanto uma categoria cruza dois atributos, "Botões pequenos e verdes". Você notará que essas não são categorias abrangentes, o que significa dizer que nem todos os botões na coleção podem se enquadrar em uma delas. As crianças provavelmente criarão grupos explorando

Uma coleção de botões tem muitos atributos diferentes para classificação criativa.
Fonte: Shutterstock.com/Viktor Gladkov.

os botões disponíveis, notando as características e, então, procurando outros botões que compartilhem essa característica. Encoraje-as a desenvolver o máximo possível de categorias que queiram explorar.

Você vai notar na imagem que uma forma de *muffins* foi usada para classificação dos botões. Consideramos que essas formas são uma maneira prática de organizar múltiplos grupos se você tiver algumas disponíveis. Elas encorajam o pensamento sobre mais grupos e são aproximadamente do tamanho certo e difíceis de ser derrubadas. Se não tiver acesso a formas de *muffins*, pode usar copos, tigelas ou outros recipientes.

ATIVIDADE

Abertura

Inicie a atividade dando um botão para cada dupla pedindo-lhes que o examinem atentamente. Pergunte: o que vocês notam sobre o botão? Dê aos alunos a chance de falar com seu colega sobre os objetos.

Convide-os a compartilhar o que eles notaram sobre os botões. Quando fizerem observações como "Ele tem dois furos", pergunte à turma: quem mais tem um botão com dois furos? Ajude-os a fazer conexões entre os atributos de diferentes botões. Certifique-se de que os alunos notam mais que apenas a cor ou o número de furos nos botões. Você pode fazer um quadro que mostre os diferentes atributos dos botões, desenhando alguns dos botões que os estudantes têm e apontando e identificando suas características. Talvez seja necessário sugerir algumas palavras para os atributos que eles notam.

Explore

Dê a cada dupla uma coleção de botões e uma forma de *muffins* ou vários copos para classificação.

As duplas conversam sobre as maneiras como podem classificar os botões em sua coleção. Encoraje-as a reservar um tempo para apenas olhar para os botões antes de

Uma coleção de botões classificados.

Estas descrições foram fornecidas pelo aluno que classificou a coleção:

1. Botões grandes
2. Botões vermelhos
3. Botões pequenos e verdes
4. Botões azuis
5. Botões transparentes
6. Botões que não são planos

começar. As duplas usam os recursos fornecidos para organizar os botões em grupos. Tenha em mente que não precisam classificar todos os botões.

Enquanto você circula para conversar com os alunos sobre seu trabalho, pergunte o nome dos grupos que eles criaram. Você pode perguntar: como vocês sabem quais botões entram nesse grupo? Vocês conseguem encontrar outro botão que possa entrar nesse grupo? Ou você pode pedir que os alunos encontrem um botão que não se enquadre em nenhum de seus grupos e digam o porquê. Use esse tempo para circular e observar como uma oportunidade de discutir com os estudantes atributos que eles podem não ter considerado.

Discuta

Reúna os alunos e discuta as perguntas a seguir:

- Como vocês classificaram os botões? (Fale sobre as regras que os estudantes usaram para classificá-los. Faça um quadro, ou adições, dos diferentes atributos para classificar os botões.)
- De que outras maneiras poderíamos ter classificado os botões? (Enfatize as regras de classificação que os alunos usaram ou poderiam usar que cruzam múltiplos atributos, como botões brancos com dois furos e botões brancos com quatro furos.)

Quando os estudantes estiverem explicando como classificaram os botões, você pode achar útil pedir que eles tragam suas coleções até o tapete para mostrar. Isso pode ser particularmente útil quando eles têm regras de classificação que envolvem múltiplos atributos.

Amplie

Oferecemos duas possibilidades para ampliar esta atividade. Em cada uma delas, sugerimos que você deixe à vista o quadro que fez com a turma durante a discussão dos atributos dos botões para que usem como referência. Primeiro, você pode transformar esta atividade em uma estação ou um centro de aprendizagem com uma coleção de botões muito grande e diversificada. A coleção deve ter centenas de botões para ampliar as maneiras como os alunos podem classificar. Forneça acesso a recipientes para os grupos classificados. Se você quiser que eles se apoiem nos grupos uns dos outros, encoraje-os a identificar seus grupos com uma etiqueta ou fita adesiva e a deixá-los disponíveis quando saírem da estação de aprendizagem para que os outros possam fazer acréscimos aos grupos que eles iniciaram. No fim do dia ou da semana, você pode discutir os diferentes grupos que emergiram desse processo coletivo de classificação.

Segundo, você pode se basear no trabalho dedutivo que iniciamos na atividade Brinque, definindo uma atividade em pequenos grupos com um conjunto de botões pré-classificado e pedindo que os alunos descubram como eles foram separados. Trabalhando em um pequeno grupo, os estudantes podem discutir o que notam sobre os botões em cada grupo e criar um rótulo que podem aplicar a cada grupo que elaborarem. Você pode facilitar perguntando que ideias eles têm sobre o que cada grupo tem em comum, explorando os botões para testar suas ideias.

Fique atento

- **Os alunos estão usando uma variedade de atributos para classificar?** Se os estudantes decidem usar um único atributo para classificar todos os botões, eles têm a oportunidade de fazer isso seguindo uma única estratégia. Por exemplo, se decidirem classificar os botões por cor, criando grupos para vermelho, laranja, amarelo, etc., todos os botões podem ser classificados usando esse esquema. No entanto, depois que eles já exploraram essa maneira, encoraje-os a tentar novas formas de classificação, de modo que prestem atenção a diferentes tipos de características. Você pode fazer isso pedindo que os alunos misturem seus botões e reiniciem ou perguntando se eles poderiam separar um de seus grupos em grupos menores, como "botões vermelhos com dois furos" e "botões vermelhos com quatro furos". Certifique-se de deixar que as ideias sobre as maneiras de classificar venham dos estudantes. Eles podem achar mais fácil considerar esse processo se você colocar todos os botões em um grupo de volta sobre a mesa para que os botões possam ser fisicamente classificados de maneiras diferentes.

- **Os alunos são capazes de descrever as regras usadas para cada grupo criado?** Enquanto conversa com os estudantes sobre suas classificações, você poderá pedir-lhes que descrevam cada grupo que estão criando. Ouça atentamente como os descrevem. Você pode ouvir uma linguagem hesitante ou imprecisa, à qual pode acrescentar palavras que os estudantes não cogitaram no passado. Por exemplo, eles podem dizer que um grupo de botões "tem um calombo" ou "não é plano" como formas de indicar a borda elevada ou o anel em torno da circunferência do botão. Você pode querer oferecer a palavra *rebordo* ou *borda* para ajudá-los a descrever e definir o grupo. Em

outros casos, os estudantes podem fazer descrições, mas elas podem ser ambíguas de uma forma que merece uma discussão. Por exemplo, os alunos podem ter grupos de botões "grandes" ou "pequenos", mas quão grande ou pequeno um botão precisa ser para pertencer à categoria? Pergunte acerca dessas delimitações difusas para convidá-los a pensar mais sobre o que essas palavras significam em relação aos botões.

- **Os alunos estão usando múltiplos atributos para construir os grupos?** Assim como com as atividades anteriores nesta grande ideia, pensar sobre como os atributos se cruzam é um objetivo da investigação. Procure exemplos em que os estudantes definem grupos com múltiplos atributos para compartilhar com a turma durante a discussão. Se você os identificar, poderá querer pressioná-los a reconhecer que outros grupos eles podem precisar em relação ao grupo que definiram. Por exemplo, na classificação apresentada na seção Para o professor, o aluno criou um grupo de "botões pequenos e verdes", o que pode apontar a necessidade de um grupo de "botões grandes e verdes" ou "botões pequenos e pretos". Em contrapartida, se os estudantes estiverem usando uma regra simples para classificação que cria um pequeno número de grupos com muitos botões em cada um (p. ex., "botões azuis" e "botões que não são azuis"), aproveite essa oportunidade para pressioná-los a encontrar grupos dentro desses grupos maiores, como discutido anteriormente.

Reflita

Que outros objetos no mundo podem ser classificados? Como vocês poderiam classificá-los?

VENDO E FORMANDO PADRÕES EM TODA PARTE

Muitas pessoas acham que matemática é sobre regras e procedimentos. Eu penso na matemática como o estudo de padrões. O mundo está repleto de belos padrões que podemos apreciar diariamente, e escolho encontrar e apreciar os padrões sempre que posso. No entanto, também vejo padrões de outras maneiras matemáticas – porque todo algoritmo ou método matemático é, na verdade, um padrão que sempre funciona. Por exemplo, caso eu precise multiplicar um número par por 5, posso dividi-lo por 2 e multiplicá-lo por 10; por exemplo, 18 x 5 é o mesmo que 9 x 10. Esse é um padrão que sempre funciona, do mesmo modo que o algoritmo formal para multiplicação que envolve "carregar" os números é um tipo de padrão diferente (menos bonito!) que sempre funciona. Matemática é sobre padrões, e a educação infantil é uma etapa importante para ajudar as crianças a ver que um papel essencial para elas é ser um buscador de padrões. Atualmente, passo boa parte do meu tempo em hotéis, viajando pelo mundo divulgando nossa revolução na matemática (www.youcubed.org). Isso me permitiu ver que os hotéis adoram decorar com padrões matemáticos – os tapetes e os pisos são quase sempre formados por padrões –, e a arte nas paredes frequentemente também é baseada em padrões. Entretanto, os padrões não estão apenas em hotéis; se você der uma caminhada na natureza ou pelas ruas de uma cidade, verá padrões em flores, árvores, pedras da calçada, prédios, luzes e muito mais. Keith Devlin (1994), matemático em Stanford, escreveu um livro adorável intitulado *Mathematics, the Science of Patterns: The Search for Order in Life, Mind, and the Universe*, no qual fala sobre a natureza do mundo com base em padrões. A matemática é uma lente que podemos usar para ver o mundo, e, quando fazemos isso, vemos que podemos usá-la para entender os próprios padrões e as estruturas essenciais no mundo.

Você pode observar que a padronização não está bem representada em padrões atuais para os primeiros anos da infância, e esse é um descuido preocupante. As crianças pequenas precisam de oportunidades para reconhecer a padronização no mundo, criar padrões próprios e descobrir como ampliá-los. Pesquisas mostraram que a exposição precoce a padrões na natureza, em comunidades, na arte e na dança, entre outras áreas, fomenta o raciocínio espacial, um componente essencial do pensamento matemático (Hawes *et al.*, 2017). De fato, quando o raciocínio espacial se desenvolve, todas as formas de pensamento matemático se desenvolvem também, incluindo contagem, pensamento algébrico e pensamento relacional (Lowrie; Logan, 2018; Mix; Cheng, 2012). A padronização é claramente uma grande ideia e merece atenção antes, durante e depois da educação infantil (National Research Council, 2009).

Nossa atividade **Visualize** convida os alunos a primeiramente assumir o papel de buscadores de padrões, compartilhando com eles fotografias interessantes que escolhemos e que mostram diferentes padrões. Fazemos uma pergunta crítica, "O que vocês notam?", e os encorajamos a discutir uns com os outros, e com você, os diferentes padrões que eles veem.

Na atividade **Brinque**, os estudantes criam seus próprios padrões usando uma variedade de materiais físicos. Sugerimos que os professores trabalhem para o reconhecimento de repetição de padrões e, então, solicitem que os alunos construam seus próprios padrões. Quando os estudantes manusearem fisicamente os blocos e também enxergarem padrões, estarão estimulando importantes conexões cerebrais.

Em nossa atividade **Investigue**, as crianças experienciam oportunidades de atividade cerebral diferente, encenando fisicamente um padrão por meio da dança.

A neurocientista Sian Beilock (2015) escreveu um livro importante sobre como aprendemos por meio do movimento físico e destaca as maneiras relevantes como a matemática é aprendida dessa forma. Trazemos movimento para os padrões pedindo que os alunos reúnam movimentos de animais de uma forma padronizada. Eles também podem inventar diferentes movimentos de animais que eles trazem para um padrão, o que irão gostar muito!

Jo Boaler

REFERÊNCIAS

BEILOCK, S. *How the body knows its mind:* the surprising power of the physical environment to influence how you think and feel. California: Atria Books, 2015.

DEVLIN, K. *Mathematics the science of patterns*: the search for order in life, mind, and the universe. New York: W H Freeman, 1994.

HAWES, Z. *et al.* Enhancing children's spatial and numerical skills through a dynamic spatial approach to early geometry instruction: Effects of a 32-week intervention. *Cognition and Instruction*, v. 35, n. 3, p. 236–264, 2017.

LOWRIE, T.; LOGAN, T. The interaction between spatial reasoning constructs and mathematics understandings in elementary classrooms. *In*: Mix, K.; Battista, M. (ed.). *Visualizing mathematics*: the role of spatial reasoning in mathematical thought. Heidelberg: Springer, 2018. p. 253–276.

MIX, K. S.; CHENG, Y.-L. The relation between space and math: developmental and educational implications. *Advances in Child Development and Behavior*, v. 42, p. 197–243, 2012.

NATIONAL RESEARCH COUNCIL. *Mathematics learning in early childhood:* paths toward excellence and equity. Washington: National Academies, 2009.

UM MUNDO DE PADRÕES

Visão geral

Os alunos desenvolvem uma definição operacional de padrão procurando repetições no mundo real, por meio de fotos, na sala de aula e na escola.

Conexão com o CCSS
Veja a Introdução na Grande Ideia 7.

Planejamento

Atividade	Tempo	Descrição/Estímulo	Materiais
Abertura	10 min	Mostre aos alunos a imagem Mosaico do Tabuleiro de Xadrez e pergunte o que eles notam. Use as observações da turma para nomear isso como um *padrão*, algo que se repete. Mostre a imagem Fachada de um Prédio e diga que ela também contém padrões. Discuta os padrões que os alunos conseguem ver na imagem, apontando e dizendo em voz alta.	• Folha de atividade Mosaico do Tabuleiro de Xadrez, para exibir. • Folha de atividade Fachada de um Prédio, para exibir.
Explore	15-30 min	As duplas exploram a sala de aula ou o ambiente da escola procurando padrões. Desenham e nomeiam cada padrão que encontram ou capturam os padrões com uma câmera.	• Prancheta, papel e cores, por dupla. • Opcional: câmera, por dupla.
Discuta	10 min	Compartilhe e discuta os padrões que os alunos encontraram na sala de aula ou na escola. Para os padrões compartilhados, ajude-os a nomear que veem. Discuta como eles sabem que aquilo é um padrão e se ele poderia ser ampliado.	
Amplie	10-20 min	Em uma estação ou um centro de aprendizagem, forneça fotos de padrões no mundo real, com cores. Os alunos marcam as fotos para mostrar os padrões que veem.	• Imagens de padrões no mundo real, como as folhas de atividade Elevadores, Árvores Topiarias, Colcha de Retalhos Vermelha e Gramado Xadrez, uma ou mais por aluno. • Cores.

Para o professor

A padronização é uma ideia matemática poderosa e uma ferramenta para compreensão de como o mundo é estruturado. Seus alunos podem ou não ter se deparado com o termo *padrão* anteriormente, mas certamente já viram padrões. Nesta atividade, conectamos os padrões que os estudantes veem à sua volta com o conceito matemático de padronização usando suas experiências para desenvolver uma definição operacional de um padrão.

O padrão que as crianças notarão mais facilmente é o AB (como vermelho-azul ou quadrado-círculo), mas não queremos restringi-las unicamente a esses tipos de padrões. Isso poderia levá-las a inferir que todos os padrões são AB. Nesta atividade, abrimos a exploração para padrões que qualquer aluno pode perceber e mostrar. Antes de iniciá-la, você mesmo deverá dar uma caminhada em sua sala de aula ou nos espaços da escola para avaliar os tipos de padrões disponíveis. Olhe para o piso, janelas, luminárias, portas, mobília, materiais, livros, caixas, quadros de avisos e plantas. Que padrões podem ser notados mais facilmente pelos alunos? Que espaços em seu prédio são os mais ricos em padrões? Use suas próprias observações para escolher os espaços a serem explorados.

Fornecemos várias imagens adicionais de espaços ricos em padrões. Sugerimos que você possa usá-las na fase de ampliação para que os alunos analisem e marquem os padrões que veem. Ou, então, você pode usar usá-las antes de mandá-los à caça aos padrões no mundo real, se quiser que primeiro eles tenham mais experiência na procura de padrões por meio de imagens.

Fonte: Shutterstock.com/t.ntchai.

que isso é um *padrão* e que os padrões se repetem e podem prosseguir interminavelmente. Aponte para uma borda da imagem e peça que os alunos prevejam o que viria logo depois dela. Convide-os a compartilhar suas ideias e pergunte: como vocês sabem? Aponte as maneiras como eles usaram a repetição no padrão para fazer predições sobre o que viria a seguir.

Mostre a imagem Fachada de um Prédio e diga aos alunos que existem padrões nessa figura também. Pergunte: que padrões vocês veem? Dê aos estudantes a chance de conversar com um colega. Colete algumas observações e marque na imagem os padrões mencionados. Os estudantes podem notar padrões nas janelas, nas formas, nas colunas, nas persianas ou em outras decorações. Use palavras para tornar a repetição audível, por exemplo, repetindo que um aluno viu "Janela curta, janela longa, janela curta. Janela curta, janela longa, janela curta".

ATIVIDADE

Abertura

Inicie a atividade mostrando a imagem Mosaico do Tabuleiro de Xadrez. Pergunte: o que vocês notam? Dê aos estudantes a chance de conversar com um colega sobre o que eles veem na imagem. Colete as observações, destacando aquelas que prestam atenção a como os quadrados estão organizados. Diga

Explore

Em duplas, os alunos partem em uma caça a padrões em sua sala de aula ou na escola. Forneça a cada dupla uma prancheta e papel para que possam desenhar e nomear os padrões que veem. Ou, então, forneça câmeras, se disponíveis, para que capturem os padrões que veem. Eles devem retornar ao grupo prontos para compartilhar suas observações.

Esses padrões podem estar baseados em cores, formas ou objetos. Eles podem ser encontrados na arquitetura, na mobília, nos materiais ou no paisagismo. Por exemplo, as crianças podem notar padrões nos ladrilhos do piso, em caixas nas estantes da sala de aula, na organização de mesas e cadeiras ou em portas e luzes no corredor. Ainda que esses padrões não durem para sempre, eles podem ser ampliados, e os alunos podem predizer o que viria a seguir.

Discuta

Reúna os alunos em um espaço onde eles possam compartilhar os padrões que encontraram e discuta as perguntas a seguir:

* Que padrões vocês encontraram?
* Como podemos descrevê-los? (Ajude-os a nomear o padrão em voz alta, por exemplo: "Cadeira, cadeira, mesa. Cadeira, cadeira, mesa" ou "Vermelho, azul, vermelho, azul, vermelho, azul".)
* Como sabemos que isso é um padrão?
* Que partes se repetem? Elas se repetem para sempre? Elas poderiam se repetir para sempre?

Amplie

Em uma estação ou um centro de aprendizagem, possibilite o acesso a fotos do mundo real que contenham padrões como os fornecidos nesta atividade. Você pode levar suas próprias imagens do entorno da escola ou da comunidade ou se basear nas imagens que os alunos trouxeram para esta atividade. Individualmente ou em duplas, eles escrevem nas fotos para mostrar os padrões que veem, usando rótulos, cores ou outras marcações para mostrar que partes eles veem se repetindo.

Fique atento

* **Os alunos estão reconhecendo a repetição como padrão?** Pode ser difícil para os estudantes verem uma repetição quando o que é repetido é mais que um único elemento. Por exemplo, os alunos encontrarão uma repetição fácil de ver em um colar de miçangas azuis, mas será mais difícil quando esse colar for azul e vermelho, com dois elementos se alternando, e ainda mais desafiador se as miçangas repetirem azul-vermelho-verde. Quanto mais longa e mais complexa a unidade repetida, mais difícil será para os alunos notarem a estrutura. Se você perceber que eles estão tendo dificuldade para encontrar padrões, pode perguntar: o que vocês veem acontecendo repetidamente nesse espaço/nessa figura? Você pode apontar em uma direção para que seus olhos viagem, imaginando que eles encontram coisas em seu caminho: o que vocês veem repetidamente?
* **Os alunos estão prestando atenção a diferentes propriedades para procurar padrões?** Para alguns estudantes, o verdadeiro desafio é decompor o espaço para prestar atenção aos elementos que importam. Por exemplo, eles podem não prestar atenção ao tamanho da caixa sobre uma prateleira ao procurar padrões, mas apenas às suas cores. Ou, talvez, a cor seja irrelevante, e os alunos precisem prestar atenção à mobília para ver que as cadeiras se alternam com as mesas. Separar ao que prestar atenção e o que ignorar pode exigir alguma ajuda. Você pode perguntar: se vocês focarem

só na cor, conseguem ver um padrão? Se prestarem atenção somente às formas, conseguem ver um padrão?

- **Os alunos conseguem predizer o elemento seguinte em um padrão?** Um teste para saber se os estudantes descobriram um padrão é se ele pode ser ampliado, mesmo que no mundo real ele acabe. Quando você circular enquanto os alunos procuram padrões, peça que descrevam os padrões que veem e pergunte: o que viria a seguir se o padrão continuasse? Como vocês sabem? Pode ser que ainda não saibam ampliar o padrão, mas você pode convidá-los a tentar. Com frequência, tornar o padrão verbal pode ajudar os alunos a ouvir o ritmo e a encontrar a repetição. Encoraje-os a dizer seu padrão em voz alta como um apoio para descobrir o que viria a seguir.

Reflita

O que é um padrão?

MOSAICO DO TABULEIRO DE XADREZ

Mentalidades matemáticas na educação infantil, de Jo Boaler, Jen Munson e Cathy Williams.
Copyright 2024 – Penso Editora Ltda. *Fonte*: Shutterstock.com/Olgers.

📽 FACHADA DE UM PRÉDIO

Mentalidades matemáticas na educação infantil, de Jo Boaler, Jen Munson e Cathy Williams.
Copyright 2024 – Penso Editora Ltda. *Fonte*: Shutterstock.com/T.natchai.

ELEVADORES

Mentalidades matemáticas na educação infantil, de Jo Boaler, Jen Munson e Cathy Williams.
Copyright 2024 – Penso Editora Ltda. *Fonte*: Shutterstock.com/Pavel L Photo and Video.

ÁRVORES TOPIARIAS

Mentalidades matemáticas na educação infantil, de Jo Boaler, Jen Munson e Cathy Williams.
Copyright 2024 – Penso Editora Ltda. *Fonte*: Shutterstock.com/Adisa.

COLCHA DE RETALHOS VERMELHA

Mentalidades matemáticas na educação infantil, de Jo Boaler, Jen Munson e Cathy Williams. Copyright 2024 – Penso Editora Ltda. *Fonte*: Shutterstock.com/Slanapotam.

GRAMADO XADREZ

Mentalidades matemáticas na educação infantil, de Jo Boaler, Jen Munson e Cathy Williams. Copyright 2024 – Penso Editora Ltda. *Fonte*: Shutterstock.com/szefei.

FAÇA VOCÊ MESMO OS PADRÕES

Visão geral

Os alunos exploram a ampliação de padrões por meio de uma conversa sobre padrões e, em seguida, criando seu próprio padrão usando uma variedade de materiais. A turma discute e compara os diferentes padrões criados.

Conexão com o CCSS
Veja a Introdução na Grande Ideia 7.

Planejamento

Atividade	Tempo	Descrição/Estímulo	Materiais
Abertura	10 min	Mostre aos alunos um padrão ABC feito com cubos de encaixe* e pergunte qual é o padrão. Cheguem a um acordo sobre o que está se repetindo. Peça que prevejam o que virá a seguir e expliquem suas respostas. Depois que a turma concordar, acrescente o cubo seguinte ao padrão.	• Padrão ABC, repetido pelo menos três vezes, feito com cubos de encaixe, para exibir.
Brinque	20+ min	As duplas escolhem um material e criam seus próprios padrões, que se estendem até onde desejarem. Deixe os padrões montados ou os fotografe antes que os alunos prossigam para criar novos padrões.	• Disponibilize: materiais para criação de padrões, como cubos de encaixe, pastilhas quadradas, miçangas (e barbante ou hastes flexíveis), ursinhos de pelúcia, moedas, blocos de padrão ou outros objetos pequenos.
Discuta	10 min	Convide os alunos a compartilhar os padrões que criaram, incluindo padrões semelhantes feitos de materiais diferentes e exemplos de materiais complexos. Discuta qual é o padrão, o que poderia vir a seguir e em que aspectos ele é semelhante ou diferente de outros padrões que foram compartilhados.	• Padrões das duplas, para compartilhar.
Amplie	15+ min	Faça uma estação ou um centro de aprendizagem para padrões, onde os estudantes podem formar padrões com um conjunto de materiais rotativos. Eles desenham ou fotografam seus padrões e nomeiam as partes repetidas.	• Materiais para a criação de padrões, como cubos de encaixe, pastilhas quadradas, miçangas (e barbante ou hastes flexíveis), ursinhos de pelúcia, moedas, blocos de padrão ou outros objetos pequenos.

---

* N. de R. T.: Não são muito comuns no Brasil, mas podem ser substituídos por outros materiais como *post-its*, blocos lógicos e até mesmo outros materiais propostos neste livro, como botões.

Para o professor

Nesta atividade, planejamos a abertura para se parecer com uma conversa de pontos. Em vez de focar na contagem, essas "conversas sobre padrões" convidam os alunos a predizer o que vem a seguir, analisando e ampliando os padrões mostrados. Assim como na conversa de pontos, encorajamos você a coletar as respostas dos alunos, a pedir explicações e a ajudar a turma a chegar a um acordo. Você pode usar essa estrutura como uma atividade matemática breve em algum dia, mostrando parte de um padrão e pedindo que eles o descrevam ou façam uma previsão do que vem a seguir.

As crianças, então, brincam, desenhando e ampliando seus próprios padrões usando objetos da sala de aula. Disponibilize objetos como cubos de encaixe, pastilhas, fichas, miçangas, ursinhos de pelúcia, blocos de padrão ou moedas. Você pode oferecer pequenos objetos que incluam alguma variação clara, como na cor ou no tamanho, que possam ser usados para construir um padrão. Objetos que são mais fáceis de pegar e enfileirar são preferíveis.

Atividade

Inicie a atividade mostrando aos alunos um padrão ABC com cubos de encaixe, como vermelho-azul-amarelo, repetido pelo menos três vezes.

Pergunte: qual é o padrão? Dê aos alunos a chance de conversar com um colega e, depois, colete algumas ideias. Certifique-se, com essa discussão, de que eles vejam que partes se repetem. Alguns podem se aproximar e simplesmente nomear todas as cores que veem, como: "Vermelho, azul, amarelo, vermelho, azul, amarelo, vermelho, azul, amarelo". Isso é inteiramente apropriado e pode ajudá-los a ouvir o ritmo no padrão. Você pode perguntar onde eles veem que o padrão começa a se repetir e dividir os cubos para mostrar as unidades vermelho-azul-amarelo. Isso pode ajudar alguns estudantes a perceber o que está se repetindo.

Aponte para uma extremidade da fileira de cubos e pergunte: que cubo faz sentido acrescentar a seguir nesse padrão? Dê aos alunos a chance de conversar com um colega e, então, colete suas ideias sobre o que vem a seguir no padrão (avançando ou recuando) e peça que expliquem seu raciocínio. Chegue a um acordo com a turma sobre o que vem a seguir e adicione esse cubo à fileira. Você pode repetir esse processo para desenvolver a dinâmica para ampliar os padrões.

Brinque

Ofereça às duplas uma escolha dos materiais; elas devem escolher um tipo de material para trabalhar na construção dos próprios padrões. Você pode oferecer cubos de encaixe, pastilhas quadradas, miçangas (e

Padrão ABC com cubos de encaixe: A = vermelho, B = azul, C = amarelo.

barbante ou hastes flexíveis), ursinhos de pelúcia, moedas, blocos de padrão ou outros objetos pequenos.

As duplas trabalham em conjunto para formar padrões com seus objetos. Os alunos podem querer ampliar bem mais seus padrões – para fora da mesa, para fora do tapete, para fora da sala, pelo corredor. Tanto quanto possível em seu espaço, não os interrompa enquanto estão trabalhando para entender a ideia de que os padrões realmente podem se estender interminavelmente. No entanto, quando parecer que eles concluíram um padrão, você pode desafiá-los a criar um novo padrão. Você pode pedir que eles mantenham seu padrão onde o construíram ou que o fotografem para que possam salvá-lo ou compartilhá-lo. Desse modo, os estudantes podem reutilizar os materiais para a criação do padrão seguinte.

Enquanto observa a turma criando padrões, pergunte: qual é o padrão? Como vocês sabem? O que vem a seguir?

Discuta

Convide as duplas a compartilhar alguns dos padrões que criaram. Você pode escolher os alunos previamente para que eles possam salvar seus trabalhos para compartilhar. Escolha aqueles que fizeram o mesmo padrão (p. ex., AB) a partir de materiais diferentes para que os comparem e vejam como são semelhantes mesmo quando formados por materiais diferentes. Além disso, escolha alguns padrões mais complexos para compartilhar se notar que alguém está formando AAB, ABC, AABB ou algo mais elaborado. Para cada padrão compartilhado, discuta as perguntas a seguir:

- Qual é o padrão? Como vocês sabem?
- O que viria a seguir? Como vocês sabem?

- Em que aspectos o padrão é semelhante a (ou diferente de) outros padrões que vimos?

Amplie

Monte uma estação ou um centro de aprendizagem onde os alunos possam trabalhar com um conjunto rotatório de materiais para criar novos padrões. Os estudantes podem, então, desenhar ou fotografar as criações de seus padrões e nomeá-los para mostrar que partes se repetem. Você pode usar essas fotos como um recurso para conversas adicionais com a turma.

Fique atento

- **Os alunos estão construindo padrões?** A construção de padrões é um trabalho desafiador, e você deverá prestar atenção a se os estudantes têm uma estrutura de repetição clara para sua fileira de objetos. Peça que descrevam o padrão e pergunte: que parte se repete? Ajude-os a mostrar como isso acontece. Você pode lhes pedir para colocar sua mão ou seus dedos nos objetos que se repetem, mostrando como esses padrões se repetem na fileira. Se você notar que os alunos estão formando fileiras de objetos que não se repetem, pode perguntar: o que é um padrão? Ou considere mostrar o padrão com cubos de encaixe que você usou na abertura, pedindo que eles digam o que o torna um padrão. Você pode, então, perguntar: como vocês podem transformar seus objetos em um padrão?
- **Os alunos estão usando um pequeno conjunto de itens (A e B ou A, B e C) para padronização?** Se os estudantes tiverem à sua disposição um conjunto de

objetos com muitos tipos diferentes, eles podem ficar tentados a usar todos eles na construção de um padrão, talvez se perdendo na complexidade. Por exemplo, crianças que usam blocos de padrão que têm seis formas e cores podem tentar usar todas as seis formas e, ainda assim, não conseguir formar um padrão com tantos elementos. Se você perceber isso, diga algo como: estou vendo que vocês estão usando muitas formas (ou cores) diferentes em seu padrão, e é um pouco difícil ver o que se repete. Vocês podem escolher dois ou três tipos de peças para usar e formar um padrão? Depois que escolheram os componentes com os quais querem trabalhar, você pode perguntar: que padrão vocês podem formar com essas peças?

- **Os alunos estão mantendo o padrão?** Assim como achamos que uma correspondência um a um pode se romper, os estudantes podem iniciar um padrão, mas não continuar além de algum ponto. Por exemplo, você pode ver alunos que iniciam um padrão verde-verde-vermelho, verde-verde-vermelho, verde-verde-vermelho que, em algum ponto, se torna verde-vermelho-vermelho. Você pode chamar a atenção para onde o padrão muda, dizendo explicitamente: parece que seu padrão mudou aqui. Ou pode pedir que eles localizem a mudança, perguntando: vocês conseguem identificar onde seu padrão mudou? Consertar um padrão que tem um erro é conceitualmente muito desafiador. Convide-os a tentar, mas, se eles ficarem emperrados, sugira que

tentem fazer um novo padrão. Peça-lhes para focar em manter o padrão igual enquanto constroem um novo.

- **Que comprimento os alunos querem que seus padrões tenham antes de achar que terminaram?** Conforme dito anteriormente, alguns estudantes podem querer construir seus padrões muito longos, além dos limites de uma mesa ou mesmo da sala de aula. Quando eles estiverem fazendo isso, duas grandes ideias estão em jogo. Primeiro, estão trabalhando para manter seu padrão por um grande número de repetições. Segundo, estão testando os limites do infinito. Se lhes dissermos que um padrão pode se prolongar eternamente, convidaremos a explorar essa ideia. Os alunos podem estar se perguntando: o padrão pode *realmente* se prolongar *para sempre*? Obviamente, há limites quanto ao espaço, ao tempo e aos materiais disponíveis, mas, na medida do possível, permita que testem a noção de *para sempre*, em vez de conduzi-los para um novo padrão. Contudo, alguns alunos podem formar um padrão, chegar até a beira da mesa e decidir que terminaram. Permita que eles reiniciem, mas você poderá pressionar suas ideias sobre *para sempre* perguntando: se a mesa fosse maior, o padrão poderia continuar? Até onde? Como vocês sabem?

Reflita

Como você forma um padrão?

DANÇA NA EDUCAÇÃO INFANTIL

Visão geral

Os alunos investigam como podem corporificar os padrões criando e ensinando danças padronizadas com animais.

Conexão com o CCSS
Veja a Grande Ideia 7.

Planejamento

Atividade	Tempo	Descrição/Estímulo	Materiais
Abertura	10 min	Ensine aos alunos os movimentos de dois animais e, então, reúna-os para fazer uma dança padronizada, como AAB ou AABB. Registre essa dança usando símbolos em um quadro e pratique com a turma. Ensine o movimento de mais um animal e, juntos, criem uma nova dança que inclua esse movimento e um ou dois dos movimentos originais. Pratiquem essa dança juntos.	• Quadro e marcadores. • Opcional: música.
Explore	15-20 min	As duplas inventam movimentos para a dança dos animais e os reúnem em uma dança padronizada. As duplas praticam sua dança até que achem que conseguem ensiná-la a outra pessoa. Você poderá juntar duas duplas para que uma tente ensinar sua dança para a outra e aprenda uma nova dança com ela.	
Discuta	15 min	Convide algumas duplas para ensinar para a turma os movimentos de sua dança e as danças padronizadas. Registre cada dança usando símbolos em um quadro. Discuta o que as diferentes danças têm em comum e o que as torna diferentes. As duplas compartilham como planejaram suas danças.	• Quadro e marcadores. • Opcional: música.
Amplie	30+ min	Introduza sons, como palmas ou ritmo com os pés, como novas ferramentas para criar danças ou canções padronizadas. As duplas podem combinar movimentos e sons para criar padrões.	• Recursos para registro, como papel e cores. • Opcional: recursos para produzir sons, como tambores, bastões e chocalhos.

Para o professor

Esta atividade está baseada no trabalho de Tom Lowie e sua equipe no Early Learning STEM Australia (ELSA), os quais têm investigado há muitos anos como incluir conceitos de padronização às salas de aula na educação infantil naquele país. Nesta atividade, convidamos os alunos a investigar como usar movimentos simples de animais para desenvolver danças padronizadas; padrões são algo que eles podem corporificar, não apenas fazer com materiais. Essa cognição corporificada, que envolve o uso de ambos os lados do corpo para produzir movimentos, encoraja o desenvolvimento de conexões entre os dois lados do cérebro e entre o corpo e a cognição.

Criamos alguns exemplos de animais e movimentos de dança correspondentes, mas encorajamos você a desenvolver os seus, adaptando-os aos animais que as crianças podem encontrar em sua comunidade ou aqueles animais em que seus alunos estão particularmente interessados. A seguir, apresentamos alguns movimentos possíveis que você pode apresentar para as crianças:

- Coelho (ou sapo): pular.
- Pinto: bater asas.
- Jacaré: estender os braços como uma boca e fechá-los de repente.
- Cobra: contorcer-se.
- Peixe: juntar as mãos e nadar.
- Gato: lançar-se à frente com os dedos como garras.

Você quer que os animais sejam familiares e interessantes e que os movimentos associados sejam simples para que estejam de acordo com a capacidade da motricidade ampla na educação infantil. Durante essas danças, você pode tocar uma música simples ao fundo e dar um ritmo para a dança.

Encorajamos você a considerar a ampliação desta atividade, incluindo uma exploração das danças de maneira mais geral. A maioria das danças é padronizada, particularmente as tradicionais. Considere como você poderia fazer conexões em sua comunidade local, convidando outras pessoas para ensinar danças padronizadas às crianças.

ATIVIDADE

Abertura

Inicie a atividade dizendo aos alunos que eles farão algumas danças padronizadas, formando padrões com seu corpo. Apresente os movimentos de dois animais, como os descritos na seção Para o professor, e pratiquem juntos até que se sintam confortáveis. Então, crie uma dança com padrão curto com os dois movimentos. Recomendamos um padrão AAB ou AABB, como pinto-pinto-cobra. Mostre sua dança em um quadro com as imagens dos dois movimentos.

Pratique a dança com a turma e certifique-se de seguir várias repetições. Você pode tocar uma música enquanto os alunos dançam. Quando fizer cada movimento, diga o nome do animal em voz alta, como "Pinto, pinto, cobra".

Mostre aos estudantes mais um movimento e convide a turma a elaborar uma

Exibição para a turma da dança pinto-pinto-cobra criada pelo professor.

nova dança que use esse movimento com um ou os dois movimentos originais. Elaborem a dança juntos, acrescentando-a ao quadro. Pratique a dança com a turma. Você pode perguntar: quantos movimentos há em nossa dança antes que ela se repita?

Explore

Em duplas, os alunos planejam uma dança padronizada. Eles podem usar os movimentos de animais que você ensinou ou inventar os próprios movimentos. Você pode imaginar que haverá alunos que queiram criar uma dança como T-rex-T-rex-velociraptor. As duplas criam os movimentos e a dança, praticando-a para que estejam prontos para ensiná-la aos outros.

Você pode juntar duas duplas para ensinar seus movimentos uma para a outra. Se optar por tentar isso, cada grupo terá a oportunidade de compartilhar e ensinar sua dança para mais alguém.

Discuta

Convide alguns grupos para ensinar suas danças com padrão para a turma. Os alunos precisarão primeiro mostrar e explicar seus movimentos e, depois, ensinar a dança com padrão. Em um quadro, desenhe símbolos para as partes de cada dança que a turma aprender para que eles possam consultá-los quando dançarem juntos. Certifique-se de dizer os nomes dos animais em voz alta a cada movimento.

Depois que a turma tiver aprendido algumas danças, você pode usar o quadro que criou para discutir as perguntas a seguir:

- O que torna essas danças similares?
- O que torna essas danças diferentes?

- Como vocês decidiram como planejar sua dança? Qual é o padrão?

Amplie

Apresente à turma os elementos musicais que os alunos podem combinar nas danças e nas canções, como palmas, pisadas, bater dois bastões, sacudir um chocalho, tocar gongos ou batucar em um tambor. As crianças podem planejar danças ou canções padronizadas com movimentos e sons misturados. Você pode levar a atividade para um espaço mais amplo ou ao ar livre para ajudá-las a prestar atenção aos próprios sons. Forneça um recurso para registrarem seus padrões com símbolos, assim como você fez no quadro. Eles as ajudarão a lembrar e a comunicar suas danças ou suas canções para os outros. Convide-os a ensinar suas danças ou suas canções padronizadas para a turma. Considere fazer uma apresentação das danças e das canções padronizadas para as famílias ou para outras turmas.

Fique atento

- **Os alunos estão definindo seus movimentos claramente?** Um dos desafios de criar movimentos padronizados é que, ao contrário dos blocos de padrão ou dos cubos de encaixe, eles não são objetos pré-construídos entre os quais escolher. Os alunos precisam lembrar dos movimentos que você lhes ensinou (como pinto e cobra) ou criar os seus para servir como base para uma dança. Transformar esses movimentos em "animais" os ajuda a pensar neles como uma unidade que podem nomear, usar e replicar. Pergunte: que animais estão em sua dança? Vocês podem me mostrar o movimento de cada um? Procure fazer as duplas chegarem a um acordo quanto ao nome do animal e ao movimento associado. Se você notar uma diferença significativa, chame a atenção dos alunos para isso dizendo algo como: estou vendo que cada um de vocês está fazendo coisas diferentes para "jacaré". O que é? Se as duplas não concordarem com o movimento, elas terão dificuldade para ensiná-lo aos outros.

- **Os alunos estão criando uma série breve de movimentos reproduzíveis?** Depois que os estudantes tiverem movimentos claros, eles precisarão criar uma série curta que possa ser repetida. Peça que compartilhem sua dança com você, mesmo que ainda estejam descobrindo como ela será, apenas juntando diferentes movimentos sem nenhuma repetição à vista. Pergunte: que parte de sua dança é repetida? Observe-os para ver se estão sendo consistentes com a repetição da unidade principal. Assim como na atividade Brinque, os alunos podem entender a necessidade de repetir e começar consistentemente, mas em algum ponto perder o padrão. Apenas convide-os a reiniciar e veja se conseguem manter o ritmo. Se o padrão for verdadeiramente muito desafiador, você pode perguntar se faz sentido simplificá-lo. Por exemplo, os alunos que criam um padrão AABCBC podem achá-lo muito complexo de manter, mas AABC ou ABC podem ser mais fáceis de lembrar.

- **Os alunos notam que o padrão pode ser o mesmo, ainda que os movimentos usados sejam diferentes?** Em sua discussão, chame a atenção para padrões que sejam parecidos, como aqueles que são AAB como a dança pinto-pinto-cobra que a turma realizou na abertura. Pergunte o que essas danças têm em comum e veja se eles percebem que elas envolvem a mesma estrutura, mesmo quando os movimentos do animal são diferentes. Você pode nomeá-las usando letras (como AAB) para enfatizar a conexão. Os estudantes não precisam dessa linguagem, mas ela pode ajudá-los a ver as conexões entre os padrões. Da mesma forma, o quadro que você criou com os símbolos para cada dança pode ser cortado em tiras para que os padrões com a mesma estrutura sejam dispostos um em cima do outro, a fim de ajudá-los a verem as conexões.

Reflita

Como as danças também são padrões?

ESTENDENDO A CONTAGEM ATÉ 100

Na Grande Ideia 5, falamos sobre a importância da flexibilidade numérica. Nesta grande ideia, levamos a flexibilidade numérica até o próximo nível com números mais altos, com os quais sabemos que os alunos ficarão entusiasmados. Minha experiência com crianças me diz que elas são fascinadas pela ideia de números que são grandes e mesmo por ideias sobre infinito. Pedimos que elas pensem em 100 formado por objetos de tamanhos diferentes, mantendo a ideia de números como recursos visuais e objetos, possibilitando que sejam feitas conexões entre as diferentes áreas da matemática. Esta grande ideia também contém demandas de organização, que é um conceito que permeia toda a matemática. Em minha experiência com estudantes do ensino fundamental, descobri que uma coisa que separa os de mais alto e mais baixo desempenho é sua capacidade de manter as ideias de maneira organizada. Frequentemente, não ensinamos os alunos a se organizarem bem, mas presumimos que eles serão capazes de fazer isso. Esta grande ideia requer que os estudantes organizem seu pensamento, façam conjecturas sobre ele e apresentem suas organizações, o que possibilita momentos de ensino oportunos. À medida que abordam os números com flexibilidade, agrupam e classificam objetos, organizam seu pensa-

mento, fazem conjecturas e visualizam os números, eles estarão se engajando em uma gama de atos matemáticos que são essenciais para o mundo moderno.

Em nossa atividade **Visualize**, os alunos voltam a contar coleções, agora desenvolvendo estratégias para organização dos objetos a fim de contar coleções muito maiores. Esse é um ato de organização no qual é importante focar e ajudá-los a se desenvolver. É apresentada aos estudantes uma grande coleção de objetos e perguntado como eles poderiam contá-los e que estratégias poderiam usar para descobrir quantos são, fazendo registros cuidadosos enquanto trabalham. Sugerimos que você faça da contagem de grandes coleções uma atividade contínua, dando aos alunos muitas oportunidades de fazer estimativas dos tamanhos e de escolher e contar coleções de múltiplas dimensões.

Na atividade **Brinque**, os alunos precisam organizar 20 itens de uma coleção, com a intenção de expressar uma maneira de quantificar os objetos sem contar cada item um por um. Os estudantes aprendem a pensar sobre maneiras de organizar sua coleção para que seja possível ver quantos objetos há no total. Nesta atividade, eles precisam usar sua flexibilidade numérica com números até 20, introduzindo os números de 11 a 19. Esse é um desenvolvimento cognitivo importante que deve ser acompanhado pela flexibilidade numérica enquanto aprendem a ver e a encontrar sentido em padrões similares aos que desenvolveram para 1 a 10.

Em nossa atividade **Investigue**, os alunos brincam com um objeto que pode ser um maravilhoso *playground* de padrões – o quadro de 100. Agora, eles provavelmente já sabem 1 a 10 muito bem e podem ser apresentados a um conjunto maior de números que podem explorar com flexibilidade. Eles serão capazes de encontrar padrões e de pensar sobre o que significam. Gosto muito das perguntas: o que vocês notam? O que vocês imaginam? Dê um tempo para os estudantes explorarem os padrões e fazerem conjecturas. Incluímos uma fileira em branco no final para que possam refletir sobre o que vem a seguir!

Jo Boaler

CONTANDO COLEÇÕES MAIORES

Visão geral

Os alunos voltam a contar coleções, agora desenvolvendo estratégias para organização dos objetos a fim de contar coleções maiores.

Conexão com o CCSS
K.CC.5, K.CC.1

Planejamento

Atividade	Tempo	Descrição/Estímulo	Materiais
Abertura	5-10 min	Mostre aos alunos uma grande coleção de objetos e pergunte como eles os contariam para descobrir quantos são. Convide-os a mostrar como poderiam começar e destaque estratégias que organizam os objetos. Diga a eles que contarão uma grande coleção e que deverão prestar atenção às maneiras de organizar para controlar.	• Grande coleção de objetos, como cubos de encaixe ou moedas.
Explore	30+ min	As duplas contam uma grande coleção de objetos, trabalhando de modo a organizá-los para controlar a contagem. Os estudantes registram sua contagem e a deixam com a coleção. Eles podem, então, trocar com outro grupo para verificar sua contagem, reunindo-se para discutir caso discordem.	• Coleção de 30-200 objetos, por dupla. • Disponibilize recipientes para agrupar os objetos, como copos ou tigelas. • Recursos para registro, como papel, fichas, pranchetas e lápis.
Discuta	10-15 min	Convide os alunos que desenvolveram estratégias de organização para contar seus objetos a compartilhá-las com a turma. Discuta por que essas estratégias são úteis. Destaque alguma discordância que possa surgir durante o processo de contagem e como foi resolvida.	
Amplie	Contínuo	Faça da contagem de grandes coleções uma atividade contínua, em que os alunos escolhem e contam coleções de diferentes tamanhos e comparam suas contagens com as dos outros. Amplie o pensamento dos estudantes pedindo que façam uma estimativa do número de objetos na coleção antes de contarem e, depois, comparem suas estimativas com a contagem real.	• Coleção de 30-200 objetos, por dupla. • Disponibilize recipientes para agrupar os objetos, como copos ou tigelas. • Recursos para registro, como papel, fichas, pranchetas e lápis.

Para o professor

Nesta atividade, estamos retornando ao trabalho de contagem de coleções da primeira grande ideia. Os alunos precisam ampliar as oportunidades de contar coleções de objetos cada vez maiores para desenvolver ideias sobre a quantidade que os diferentes números representam, sobre como os números são organizados e sobre como organizar objetos para contá-los. A contagem de objetos ajuda a ampliar a capacidade de correspondência um a um até 100, combinando a sequência da contagem oral com os objetos. Enquanto contam as coleções, eles começam a construir referências para saber o quanto aquelas quantidades realmente representam. Por exemplo, quão grande é 28? Como é sua aparência? Como é a aparência de 28 blocos? Como 28 parece diferente se você estiver contando moedas ou ursinhos de pelúcia?

Encorajamos você a fazer da contagem de coleções uma atividade contínua e central em sua sala de aula de matemática na educação infantil. Nesta atividade, oferecemos ideias sobre como você pode continuar este trabalho com coleções maiores, e é altamente recomendável o livro de Franke, Kazemi e Turrou (2018) sobre o tema para uma análise em maior profundidade. Você vai precisar de várias e grandes coleções, particularmente de objetos que sejam fáceis de organizar sem que caiam no chão ou rolem. As coleções devem ser adaptadas aos números com os quais os alunos estão prontos para trabalhar. Pode ser que você tenha crianças trabalhando duro na contagem de números de 11 a 19, enquanto outros estão avançando até 100 e além. Indique aos alunos as coleções que eles estão prontos para enfrentar, sabendo que elas irão e deverão mudar com o tempo. Em geral, objetos do cotidiano são os mais convenientes e úteis para as coleções, incluindo os materiais manipulativos da sala de aula (como cubos, pastilhas ou blocos de padrão), caixas de livros, materiais escolares e moedas.

ATIVIDADE

Abertura

Inicie a atividade mostrando uma grande coleção de, no mínimo, 100 objetos. Você pode escolher uma coleção que eles encontram em sala de aula todos os dias, como uma caixa de cubos de encaixe, ou algo novo, como um pote com moedas. Pergunte: como vocês contariam esses objetos para descobrir quantos temos? Dê aos alunos a chance de conversar com um colega. Convide-os a se aproximar e mostre algumas das maneiras como podem iniciar sua contagem. Aponte as estratégias que você vê os estudantes usarem para se organizar para a contagem, como mover os objetos, alinhá-los ou formar grupos. Diga que essas estratégias podem ser úteis para controlar os objetos que eles estão contando e que eles trabalharão em estratégias para contar coleções maiores do que as anteriores. Peça que prestem atenção a como estão organizando seus objetos para contar de forma que não se percam.

Explore

Forneça a cada dupla uma grande coleção de objetos, que pode variar de 30 a 200 objetos, dependendo de como você avalia cada dupla. As duplas trabalham em conjunto para contar quantos objetos há em sua coleção e registram sua contagem de alguma maneira no papel. Quando você circular pela sala durante a atividade, estimule-os a se organizarem para contar. Isso pode envolver alinhar os objetos ou formar grupos. Disponibilize recipientes que eles possam usar para formar grupos, como copos, tigelas ou formas de *muffins*.

Depois que uma dupla estiver confiante em sua contagem, peça-lhes que tentem uma nova coleção, trocando com outro grupo. Cada grupo pode deixar um registro de sua contagem com a coleção, e o grupo seguinte pode verificá-la. Se os grupos discordarem, reúna-os para discutir e recontar.

Discuta

Enquanto você observa os alunos contando, selecione um ou mais grupos para compartilhar alguma coisa sobre sua contagem, particularmente os desafios que enfrentaram ou as estratégias que desenvolveram para organização, como agrupamento. Eles não precisam recontar os objetos diante da turma, podem apenas compartilhar as estratégias ou os desafios, independentemente de terem concluído ou não sua contagem ou de terem vencido suas dificuldades. Discuta as perguntas a seguir:

* Como podemos organizar nossos objetos para nos ajudar a ver quantos são ou controlá-los?
* Vocês tiveram alguma discordância? Como descobriram qual era a contagem correta quando discordaram?

Chame a atenção para as maneiras como os alunos estão começando a usar agrupamento, seja simplesmente contando pelo toque dois objetos de cada vez, seja colocando os objetos nos copos em grupos de 5 ou 10 (ou algum outro desenvolvimento). Algumas estratégias de organização são úteis para assegurar que todos os objetos sejam contados, como alinhá-los. Outras estratégias ajudam os alunos na contagem do total sem que se percam ou permitem que eles usem contagem saltada como recurso. Certifique-se de enfatizar a utilidade das diferentes estratégias desenvolvidas.

Amplie

Em sintonia com o trabalho de Franke, Kazemi e Turrou (2018), vemos a contagem de coleções de objetos como um trabalho contínuo ao longo de semanas. Enquanto continuam a contar coleções maiores, você pode ampliar o pensamento dos alunos pedindo que eles estimem o número de objetos em sua coleção antes de contar e que registrem sua estimativa em um cartão. Encoraje-os a usar referências na sala de aula, como outras coleções que já foram contadas e identificadas, para desenvolverem suas estimativas.

As duplas contam suas coleções e, então, podem registrar a quantidade real. Pergunte: sua estimativa foi aproximada? Foi muito elevada ou muito baixa? Como vocês sabem? Use isso para ajudar os estudantes a desenvolver algumas ideias sobre estimativa de quantidades e a fazer comparações entre números.

Fique atento

* **Que números os alunos estão prontos para contar?** Provavelmente, você terá observado os estudantes contando ao longo do ano e terá uma noção dos horizontes de suas capacidades de contagem. Quando observar os alunos contarem suas coleções, você deverá procurar alguns indicadores-chave que o ajudarão a ampliar essa capacidade

sem frustrar a turma. Primeiro, fique atento à correspondência um a um e certifique-se de prestar atenção aos dois integrantes da dupla. Em que ponto a correspondência um a um é interrompida, caso aconteça? Você deve oferecer coleções que cheguem até esse ponto e apenas um pouco além para que eles tenham oportunidades de crescer. Segundo, ouça a sequência de contagem. Os alunos podem ter um nome de número para cada objeto, mas usarem uma sequência não convencional, como 13, 14, 16, 18, o que leva a uma contagem total imprecisa. Você não precisa usar isso como uma forma de limitar o tamanho da coleção, a menos que os alunos fiquem presos em uma sequência de contagem circular, como 20, 21, 22... 29, 20, 21, 22... Terceiro, fique atento às maneiras como os estudantes se organizam para contar. Se estiverem contando coleções menores com sucesso, sem mover ou alinhar os objetos enquanto contam, você pode aumentar o tamanho da coleção para criar motivação para o desenvolvimento de estratégias de organização.

- **Como os alunos estão desenvolvendo estratégias de agrupamento?** Um dos objetivos centrais de contar coleções maiores é encorajar os estudantes a desenvolver estratégias de agrupamento. Essas estratégias formam a base para a compreensão do valor posicional, o modo como agrupamos os números em dezenas e unidades. É provável que os estudantes comecem o agrupamento tentando com grupos menores, algumas vezes apenas em pares, ou em grupos que crianças mais velhas veriam como difíceis de contar, como grupos de três ou quatro. O desenvolvimento de uma estratégia de agrupamento faz os estudantes avançarem conceitualmente para o valor posicional, e isso deve ser encorajado. À medida que desenvolvem estratégias de contagem mais sofisticadas, eles podem combiná-las com estratégias de agrupamento. Ou seja, quando aprendem a contar de 2 em 2, podem agrupar de 2 em 2; no entanto, agrupar de 2 em 2 pode ajudá-los a aprender a contagem saltada de 2 em 2. Se você perceber que estão começando a agrupar objetos, ofereça recursos que possam servir de apoio, como copos ou tigelas. Pergunte: como vocês decidiram que grupos seriam úteis? Qual o tamanho de seus grupos? Por que vocês escolheram esse tamanho para seus grupos?

- **Você está começando a ver contagem saltada?** Estratégias de agrupamento e o desenvolvimento de contagem saltada estão intimamente relacionados. Como mencionado anteriormente, o agrupamento de objetos dá aos alunos uma razão para contar saltando, e saber como fazer isso torna o agrupamento útil. Ouça como os estudantes estão contando saltado com seus grupos. Em um estágio inicial, você pode ouvi-los subvocalizarem alguma contagem enquanto aprendem um determinado padrão de contagem saltada, contando alguns números bem baixinho e, então, o objeto final do grupo em voz alta. Pode ser mais ou menos assim: "Um, DOIS, três, QUATRO, cinco, SEIS..." quando contam de 2 em 2 ou "Um, dois, TRÊS, quatro, cinco, SEIS..." quando contam de 3 em 3. Posteriormente, você pode ouvir uma contagem completa: "2, 4, 6, 8...". Certifique-se de que os alunos compartilhem o trabalho que estão fazendo para contar os grupos que formaram e como a contagem saltada pode tornar esse trabalho mais fácil. Se você sabe que trabalharam com contagem saltada de 2 em 2 ou de 5 em 5, você pode perguntar como eles poderiam usar isso para ajudar a contar seus objetos, encorajando estratégias de agrupamento.

Reflita

O que vocês têm que fazer de modo diferente para contar uma coleção muito grande?

REFERÊNCIA

FRANKE, M. L.; KAZEMI, E.; TURROU, A. C. *Choral counting & counting collections.* Portsmouth: Stenhouse, 2018.

MONTANDO UMA COLEÇÃO

Visão geral

Os alunos montam coleções com um número particular de objetos no conjunto, desenvolvendo maneiras de organizar e exibir a coleção para tornar mais fácil para os outros contarem.

Conexão com o CCSS

K.CC.5, K.CC.4, K.CC.1, K.CC.3, K.NBT.1

Planejamento

Atividade	Tempo	Descrição/Estímulo	Materiais
Abertura	10 min	Mostre aos alunos um recipiente com 20 blocos e diga que há 20 blocos dentro dele. Pergunte: como podemos organizá-los para mostrar que há 20? Colete as ideias e convide-os a mostrar como eles podem organizar os objetos.	• Recipiente com 20 blocos ou outro material manipulativo pequeno.
Brinque	20 min	Dê a cada dupla um número-alvo para construir uma coleção. As duplas constroem e organizam uma coleção para que fique mais fácil ver quantos objetos ela contém. Os grupos trocam de lugar e examinam como os outros organizaram suas coleções, verificando suas contagens.	• Etiqueta adesiva ou ficha de registro com um número para cada grupo. • Disponibilize objetos para montar coleções, como cubos de encaixe, blocos, fichas ou pastilhas quadradas, e recursos para organização, como copos ou tigelas.
Discuta	10 min	Discuta como os alunos organizaram suas coleções e que maneiras tornaram mais fácil ver ou contar quantos objetos ela tinha.	• Opcional: quadro e marcadores.
Amplie	20-30 min	Monte uma estação ou um centro de aprendizagem em que as duplas contam e organizam uma coleção com um número-alvo de objetos. Os alunos desenham e rotulam suas maneiras de organizar a coleção. Deixe os registros à vista para que os outros vejam quando visitarem a estação. Discuta as diferentes maneiras como os alunos organizaram e registraram a mesma quantidade.	• Objetos para montar a coleção, como cubos de encaixe ou pastilhas quadradas. • Número-alvo postado. • Recursos para registro, como papel e lápis.

Para o professor

Nesta atividade, nos baseamos no trabalho que os alunos fizeram contando coleções, agora passando para a construção e a organização de coleções de objetos. A construção de um conjunto de uma quantidade particular requer um uso da contagem um pouco diferente da contagem de um determinado conjunto. Os estudantes precisam ter em mente a quantidade-alvo enquanto estão contando e notar sua relação com a sequência de contagem para que possam decidir quando parar. Muitos alunos provavelmente vão entrar no ritmo da contagem e passar da quantidade-alvo, só percebendo em algum momento que esqueceram qual era o objetivo. Eles provavelmente precisarão contar e recontar para ter certeza de que têm o número-alvo de objetos em sua coleção.

Sugerimos que você escolha esse número-alvo para cada dupla com base em suas observações durante a atividade Visualize. Você quer que o número-alvo seja uma quantidade suficientemente grande que os alunos possam contar de maneira confiável, em vez de um número que ultrapasse sua capacidade de contagem. Por exemplo, se você tiver uma dupla que começou a ter dificuldade para contar uma coleção de objetos em 29, você pode escolher 25 objetos como número-alvo para esse grupo.

A ideia principal nesta atividade é promover a organização das quantidades de modo que fique mais fácil ver e contar o número de objetos no conjunto, particularmente por agrupamento. Os alunos podem agrupar os objetos em grupos de 2, 3, 4, 5 ou 10. Eles podem escolher grupos que sabem como contar saltado ou não. Os estudantes podem agrupar os objetos (p. ex., colocando 5 cubos em um copo) ou organizá-los para que sejam mais fáceis de visualizar (p. ex., organizando pastilhas quadradas em colunas de 5). Certifique-se de observar as diferentes características da organização dos alunos e faça perguntas sobre como essas múltiplas maneiras tornam mais fácil ver ou verificar a contagem.

Quando escolher os materiais para esta atividade, sugerimos uma seleção mais reduzida em relação à atividade Visualize. Forneça materiais que auxiliem na organização, como cubos de encaixe, pastilhas quadradas ou blocos, que podem ser agrupados ou organizados em fileiras, colunas ou retângulos.

ATIVIDADE

Abertura

Inicie a atividade mostrando à turma uma coleção de 20 blocos ou outros materiais manipulativos pequenos em um recipiente. Diga que há 20 objetos no recipiente e pergunte: como podemos organizá-los para mostrar que há 20 objetos? Dê aos alunos a chance de conversar com um colega. Convide-os a mostrar como poderiam organizar os objetos. Você pode organizar a turma em um círculo para que possa despejar todos os objetos no centro, onde todos possam ver as diferentes ideias de como organizá-los. Indique que há diferentes maneiras de fazer isso e que seu objetivo é tentar exibir suas coleções para que os outros possam contar com mais facilidade.

Brinque

Designe para cada dupla um número em uma etiqueta adesiva ou uma ficha de registro e peça que façam uma coleção que contenha esse número de objetos. Baseie-se em suas observações da contagem na atividade Visualize para selecionar um número que os alunos se sintam confiantes. Possibilite acesso a pequenos objetos para construir uma coleção, como cubos de encaixe, blocos, fichas ou pastilhas, e a recursos para organização, como copos ou tigelas.

Depois que tiverem construído o número-alvo de objetos, as duplas trabalham em conjunto a fim de organizar sua coleção para que outra pessoa possa contá-la mais facilmente, independentemente do que isso significar para ela. Os estudantes podem formar grupos ou conjuntos de objetos em filas ou outros formatos.

Depois que as duplas estiverem satisfeitas com sua organização, peça que coloquem seu número (na etiqueta adesiva ou na ficha de registro) junto à coleção. Então, convide-os a trocar de lugar com outro grupo e a examinar como os colegas organizaram sua coleção. Os alunos exploram as perguntas a seguir:

- Como eles organizaram sua coleção?
- Como vocês podem usar essa organização para ajudá-los a verificar a contagem deles?
- Vocês concordam com a contagem deles? Por que sim ou por que não?

Discuta

Peça que os alunos deixem suas coleções organizadas para que você possa mostrá-las aos outros durante a discussão. Você pode querer que eles se aproximem para olhar ou tirar uma foto do projeto para que todos vejam. Reúna a turma para discutir as perguntas a seguir:

- Como vocês organizaram sua coleção para que os outros pudessem contá-la mais facilmente?

- Como vocês contaram as coleções dos outros?
- Que maneiras de organizar tornaram mais fácil verificar a contagem?

Nomeie esses métodos para organizar quantidades, seja por seus nomes matemáticos (p. ex., "grupos de 5"), seja por nomes que os alunos inventaram (p. ex., "O jeito de José e Jéssica é em grupos de 5"). Você pode fazer um quadro com desenhos desses métodos para que possam ver as diferentes maneiras.

Amplie

Crie uma estação ou um centro de aprendizagem para os alunos organizarem as coleções de objetos de diferentes maneiras. Forneça um grupo de objetos pequenos que sejam fáceis de organizar, como cubos de encaixe ou pastilhas quadradas, e um número-alvo para a coleção. Escolha um número-alvo que introduza múltiplas maneiras como os estudantes podem organizar usando grupos, como um múltiplo de 10 ou 5. As duplas trabalham em conjunto para contar e organizar uma coleção dos objetos que combinam com o número-alvo. Os alunos desenham e nomeiam uma figura para mostrar como organizaram sua coleção. Deixe o registro exposto na área do centro de aprendizagem de forma que os outros possam usá-lo para obter ideias de maneiras de organizar a coleção. Depois de vários dias, discuta as perguntas a seguir sobre como eles organizaram a mesma quantidade de maneiras diferentes:

- Como vocês organizaram sua coleção para que pudéssemos ver o número de objetos?

- Que maneiras de organizar achamos que são mais úteis? Por quê?
- Alguém tentou uma nova maneira de organizar? O que vocês tentaram?
- Como vocês registraram suas maneiras de organizar?

Fique atento

- **Os alunos compreendem o que significa organizar para a contagem?** Organização como um conceito pode ser novo para os estudantes e ter muitos significados. Por exemplo, no dia a dia, podemos usar a palavra *organizar* no sentido de "limpar", "arrumar" ou "classificar", em vez de "criar uma ordem sistemática". Durante a abertura, você deverá se certificar de que os alunos conheçam as ideias dos outros sobre o que significa organizar uma coleção para a contagem. Por exemplo, quando estamos contando uma coleção, a variação nos objetos não é relevante, e não há necessidade de classificar os objetos por cor, por exemplo, para facilitar a contagem. Em vez disso, organizar para contar significa criar um tipo de ordem diferente, em que quantidade, grupos e disposições sejam o foco. Durante a abertura e posteriormente, enquanto você observa os alunos trabalhando, procure evidências de que entendem a ideia de organização para a contagem, como formar grupos ou conjuntos ou alinhar os objetos. Aqueles que ainda não entendem essa ideia podem classificar por cor ou construir figuras com seus objetos. Você pode perguntar: como vocês podem organizar os objetos em sua mesa para que fiquem mais fáceis de contar?

- **Os alunos estão usando estratégias de agrupamento para se organizar?** Estratégias de agrupamento ajudam os estudantes a se aproximar de uma compreensão de como nosso sistema numérico é organizado pelo valor posicional. Mesmo quando usam outros grupos além de dezenas e unidades, eles estão avançando para essa ideia. Esteja atento às diversas maneiras como os estudantes agrupam, incluindo grupos de tamanhos diferentes e múltiplas maneiras de organizá-los. Os grupos podem ser organizados como colunas de cubos de encaixe ou como copos com cubos, por exemplo. Durante a discussão, você poderá destacar essas diferenças. Uma característica importante à qual prestar atenção é se os alunos que estão usando agrupamento estão fazendo isso de forma consistente. Por exemplo, você pode notar uma dupla usando copos para organizar sua coleção, mas observar que cada um dos copos tem números de objetos diferentes. Você pode dizer algo como: estou vendo que vocês estão formando grupos. Eles podem ser muito úteis para contagem. Como vocês estão decidindo quantos vão em cada grupo? Encoraje-os a pensar sobre como grupos de tamanho igual podem ser mais úteis para contar. Os alunos podem precisar formar grupos desiguais e tentar contá-los antes de notar que grupos iguais são mais úteis. Esse também pode ser um processo útil para compartilhar durante a discussão.

- **Os alunos estão usando a organização dos objetos para ajudar na contagem?** Quando os estudantes recontarem suas coleções ou as dos outros, você deverá prestar atenção a se eles estão usando o sistema organizacional para ajudar na contagem. Por exemplo, você pode vê-

-los simplesmente contando a coleção, um a um, independentemente de como os objetos estão organizados. Pergunte: como esses objetos estão organizados? Como vocês poderiam usar isso para ajudá-los a contar? Para alguns, o sistema organizacional pode não ajudar na contagem. Por exemplo, se os objetos estiverem organizados em grupos de 3, provavelmente eles não saberão como contar saltado de 3 em 3 e, em vez disso, contarão de 1 em 1. Isso deve ser compartilhado durante a discussão quando a turma identificar que algumas maneiras de organizar são mais úteis para contagem do que outras.

Reflita

Como a organização pode nos ajudar a ver *quantos têm*?

PADRÕES NO QUADRO DE 100

Visão geral

Os alunos investigam padrões no quadro de 100, explorando como nosso sistema numérico é organizado.

Conexão com o CCSS
K.CC.1, K.CC.2, K.NBT.1, K.CC.3

Planejamento

Atividade	Tempo	Descrição/Estímulo	Materiais
Abertura	5-10 min	Mostre aos alunos o quadro de 100 e pergunte: como ele é organizado? Que padrões vocês veem? Colete algumas ideias e mostre como eles poderiam registrar duas delas usando cores diferentes no quadro de 100.	• Folha de atividade Quadro de 100, para exibir. • Cores.
Explore	20+ min	As duplas investigam os padrões no quadro de 100, registrando cada um deles usando cores e um nome na folha de atividade Quadro de 100, e procuram o máximo de padrões que puderem encontrar.	• Folha de atividade Quadro de 100, muitas por dupla. • Cores, por dupla.
Discuta	15 min	Discuta e compartilhe os padrões que os alunos encontraram e como eles os registraram nas folhas de atividade Quadro de 100. Quando necessário, introduza vocabulário para descrever esses padrões. Indique os quadros vazios na parte inferior e peça que prevejam os números que vêm a seguir. Discuta se eles seguem os padrões que os estudantes encontraram.	• Opcional: folha de atividade Quadro de 100, para exibir, e cores.
Amplie	15+ min	Em uma estação ou um centro de aprendizagem, mostre aos alunos os quebra-cabeças Quadro de 100 e explique que alguns dos números estão faltando. Pergunte: como vocês podem usar os padrões no quadro de 100 para encontrar os números que estão faltando? Depois que os alunos tiverem tido a chance de explorar um ou mais quebra-cabeças, discuta as estratégias que eles desenvolveram e como usaram padrões para encontrar os números que estavam faltando.	• Quebra-cabeças Quadro de 100, muitos de cada.

Para o professor

Esta investigação oferece às crianças da educação infantil, quase no fim do ano, a oportunidade de ampliar suas conexões entre contagem e números escritos procurando padrões no quadro de 100, que contém um número de padrões aparentemente infinito. Os alunos podem e irão continuar a explorá-los por muitos anos, desenvolvendo sua compreensão de sequência de contagem, valor posicional, contagem saltada, fatores e múltiplos e propriedades dos números. Esta investigação é apenas uma primeira exploração dos padrões que os estudantes podem ver e a primeira vez que estamos os convidando a considerar os padrões numericamente.

Os estudantes podem notar uma grande variedade de padrões numéricos no quadro de 100, e encorajamos você a estar aberto a muitas interpretações diferentes do que poderia constituir um padrão. Alguns deles incluem:

- Os números menores estão no alto, e os números maiores, na parte inferior.
- Os números no alto têm apenas um dígito, a maioria dos números tem dois dígitos, e, na parte inferior, um deles tem três dígitos.
- Os múltiplos de 10, ou números que terminam em zero, estão em uma coluna à direita.
- Cada coluna de números termina com o mesmo dígito (no lugar da unidade).
- Todos os derivados de 20 estão em uma fileira, exceto o 20 (e igualmente para as outras dezenas).

Você deve se certificar de que os alunos percebam padrões globais (como os números menores no alto), padrões verticais (como as dezenas na coluna da extrema direita) e padrões horizontais (como as dezenas sendo iguais até o número final em cada fileira). Convide-os a usar cores diferentes para colorir os padrões que eles notam. Uma codificação por cores como esta provavelmente será novidade, e alguns podem preferir mostrar cada padrão em um quadro de 100 diferente para maior clareza. O importante é que consigam mostrar, controlar e compartilhar os padrões que notam. Possibilite acesso a quantas cores e quadros de 100 forem necessários para notar e registrar os padrões para compartilhar.

ATIVIDADE

Abertura

Inicie a atividade mostrando aos alunos o quadro de 100 e diga que esse recurso é chamado de *quadro de 100*. Pergunte: como ele é organizado? Que padrões vocês veem? Dê aos alunos a chance de conversar com um colega. Convide-os a compartilhar algumas ideias para darem início às suas reflexões. Escolhendo dois dos padrões que os estudantes compartilharam, destaque como eles mostram os padrões com diferentes cores no quadro de 100.

Explore

Forneça às duplas folhas de atividade Quadro de 100 e cores. As crianças exploram a pergunta "Que padrões estão no quadro de 100?". Para cada padrão que as duplas encontrarem, elas colorem o quadro para mostrar para os outros. Encoraje os alunos a identificar seus padrões de alguma maneira. Eles tentam encontrar o máximo possível de padrões, registrando cada um com uma cor

Notando todas as unidades.

Contando de 2 em 2.

diferente na mesma folha de atividade ou em folhas diferentes.

Discuta

Reúna a turma para compartilhar o que encontraram e discutir as perguntas a seguir:

- Que padrões vocês notaram no quadro?
- Como podemos descrever esses padrões? (Ofereça aos alunos vocabulário para ajudá-los a expressar o que notaram.)
- Como vocês apresentaram esses padrões no quadro?

Certifique-se de que os estudantes tenham a chance de compartilhar como registraram os padrões em suas folhas de atividade. Você também poderá registrar esses padrões em uma folha de atividade Quadro de 100 da turma. No entanto, se eles notaram muitos padrões, colocar todos em uma única folha de atividade pode resultar em uma sobrecarga visual. O uso de múltiplas

folhas de atividade ou das próprias folhas dos estudantes pode ser mais eficaz para mostrar os padrões. Encorajamos você a encontrar um espaço para expor esses padrões, como uma referência para explicação futura, incluindo a extensão a seguir.

Depois que os alunos tiverem compartilhado todos os padrões que encontraram, indique a fileira com quadros vazios na parte inferior do quadro de 100. Pergunte: o que vocês acham que vem a seguir? Discuta os números que vêm a seguir e como você poderia registrá-los. Pergunte: eles seguem os padrões que vocês encontraram? Por que sim ou por que não?

Amplie

Em uma estação ou um centro de aprendizagem, apresente aos alunos os quebra-cabeças Quadro de 100. Mostre que há dois tipos de quebra-cabeças que eles podem resolver com um colega. Em um deles, você pode ver o quadro de 100 inteiro, mas com alguns dos números faltando. No outro, só é possível ver parte do quadro de 100, e, mais uma vez, alguns dos números estão faltando. Pergunte: como vocês podem usar os padrões no quadro de 100 para encontrar os números que estão faltando?

Forneça acesso a múltiplos quebra-cabeças. Se você deixou expostos os padrões que os alunos encontraram no quadro de 100, poderá lembrar que eles podem usá-los como uma referência. Depois que tiverem tido a chance de explorar um ou mais quebra-cabeças, discuta as estratégias que eles usaram para descobrir o número faltando em cada área em branco.

Fique atento

- **De que palavras os alunos precisam para nomear os padrões que veem?** Há muitas palavras que podem ser úteis para descrever os padrões no quadro de 100 que os estudantes não conheciam até agora. Aproveite a oportunidade para fornecer o vocabulário de que precisam para comunicar suas observações com maior precisão. Eles podem se beneficiar de palavras como *vertical, horizontal, coluna, fileira* e *dígito* quando descreverem os padrões que veem. Também podem precisar de termos posicionais para descrever a relação entre os diferentes números, como *no alto, acima, abaixo, ao lado, à esquerda* e *à direita.*
- **Os alunos notam padrões vertical e horizontalmente?** Ao pedir que examinem os padrões no quadro de 100, nossa intenção é proporcionar conversas que foram se desenvolvendo por meio da contagem de coleções de objetos. Entre os muitos padrões no quadro de 100, estão aqueles associados ao valor posi-

cional. Lendo o quadro verticalmente, queremos que os alunos notem que as unidades, ou o último dígito, permanecem as mesmas, ao passo que as dezenas vão aumentando: 6, 16, 26, 36, 46, 56... Lendo o quadro horizontalmente, queremos que notem um padrão praticamente invertido. As dezenas permanecem as mesmas até o fim da fileira, mas a unidade vai aumentando, um a um: 21, 22, 23, 24, 25, 26... Cada um desses padrões requer que os estudantes prestem atenção ao que está acontecendo a cada dígito e notem que aparecem diferentes padrões. Eles ainda podem não entender o que está por trás desses padrões, mas notar é o primeiro passo para entendê-los.

- **Os alunos estão pensando no que acontece no quadro quando é feito algum movimento?** Uma maneira de procurar padrões é perguntar o que acontece com os números quando é feito um movimento de uma maneira particular. Isso pode se aplicar aos padrões verticais e horizontais discutidos anteriormente. Por exemplo, os estudantes podem se perguntar: o que acontece aos números quando me movimento ao longo desta fileira? Outras formas de movimento também são possíveis, como, o que acontece quando me movimento para baixo e cruzo, como em uma escada? O que acontece quando subo em vez de descer? Encoraje aqueles que não têm certeza sobre como proceder ou aqueles que esgotaram os padrões que notam a pensar sobre movimentos na busca de padrões.
- **Alguém encontra padrões em contagem saltada?** Além dos padrões que compõem as colunas ou as fileiras inteiras, há muitos padrões interessantes

no quadro de 100 resultantes da contagem saltada. Se os alunos fizerem a contagem saltada com incrementos com os quais estão confortáveis, como de 2 em 2, de 5 em 5 ou de 10 em 10, encontrarão padrões adicionais. Os padrões ficam mais complexos se fazem contagem saltada com outros números, como de 3 em 3, de 4 em 4 ou de 6 em 6. Engajar-se em contagem saltada não é uma coisa que todas as crianças irão escolher. No entanto, se você notar que os alunos estão criando padrões no quadro por meio de contagem padronizada, faça perguntas sobre o que eles estão experimentando e certifique-se de que tenham a chance de compartilhar com a turma.

Reflita

Qual foi o padrão mais interessante no quadro de 100? Por quê?

QUADRO DE 100

1	2	3	4	5	6	7	8	9	10
11	12	13	14	15	16	17	18	19	20
21	22	23	24	25	26	27	28	29	30
31	32	33	34	35	36	37	38	39	40
41	42	43	44	45	46	47	48	49	50
51	52	53	54	55	56	57	58	59	60
61	62	63	64	65	66	67	68	69	70
71	72	73	74	75	76	77	78	79	80
81	82	83	84	85	86	87	88	89	90
91	92	93	94	95	96	97	98	99	100

Mentalidades matemáticas na educação infantil, de Jo Boaler, Jen Munson e Cathy Williams.
Copyright 2024 – Penso Editora Ltda.

QUEBRA-CABEÇA QUADRO DE 100 1

1	2	3	4	5	6	7	8	9	10
11	12	13	14	15	16	17	18	19	20
21	22	23	24	25	26	27	28	29	30
31	32	33	34	35	36	37	38	39	40
51	52	53	54	55	56	57	58	59	60
61	62	63	64	65	66	67	68	69	70
71	72	73	74	75	76	77	78	79	80
81	82	83	84	85	86	87	88	89	90
91	92	93	94	95	96	97	98	99	100

Mentalidades matemáticas na educação infantil, de Jo Boaler, Jen Munson e Cathy Williams.
Copyright 2024 – Penso Editora Ltda.

QUEBRA-CABEÇA QUADRO DE 100 2

1	2	3	4	5	6	7		9	10
11	12	13	14	15	16	17		19	20
21	22	23	24	25	26	27		29	30
31	32	33	34	35	36	37		39	40
41	42	43	44	45	46	47		49	50
51	52	53	54	55	56	57		59	60
61	62	63	64	65	66	67		69	70
71	72	73	74	75	76	77		79	80
81	82	83	84	85	86	87		89	90
91	92	93	94	95	96	97		99	100

Mentalidades matemáticas na educação infantil, de Jo Boaler, Jen Munson e Cathy Williams.
Copyright 2024 – Penso Editora Ltda.

QUEBRA-CABEÇA QUADRO DE 100 3

1	2	3	4	5
	12	13	14	15
21		23	24	25
31	32	33	34	35
41	42	43		45
51	52	53	54	

Mentalidades matemáticas na educação infantil, de Jo Boaler, Jen Munson e Cathy Williams.
Copyright 2024 – Penso Editora Ltda.

QUEBRA-CABEÇA QUADRO DE 100 4

23	24	25	26	
33	34	35		37
43		45	46	47
53	54	55	56	57
63	64		66	67
	74	75	76	77

Mentalidades matemáticas na educação infantil, de Jo Boaler, Jen Munson e Cathy Williams.
Copyright 2024 – Penso Editora Ltda.

QUEBRA-CABEÇA QUADRO DE 100 5

1	2		4	5
	12	13	14	15
21		23	24	
31	32	33	34	35
	42	43		45
51		53	54	55

Mentalidades matemáticas na educação infantil, de Jo Boaler, Jen Munson e Cathy Williams.
Copyright 2024 – Penso Editora Ltda.

Apêndice

PAPEL QUADRICULADO

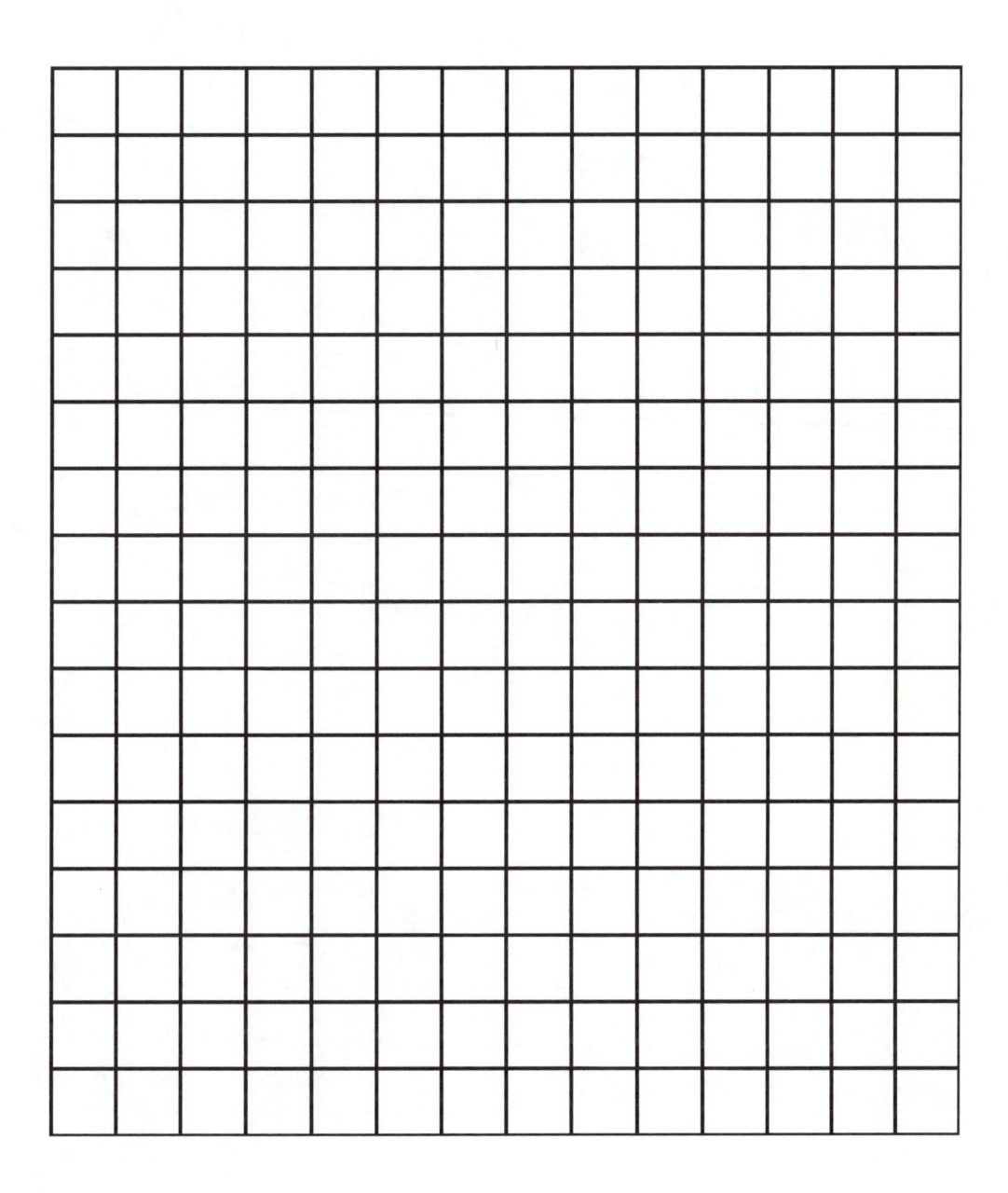

Índice